KB040322

영어로 읽는 손자병법

돋을새김 푸른책장 시리즈 **031**

영어로 읽는 **손자병법**

초판 발행 2021년 03월 30일

지은이 | 손자
영　역 | 라이오넬 자일스
옮긴이 | 권혁
발행인 | 권오현

펴낸곳 | 돋을새김
주소 | 경기도 고양시 일산동구 하늘마을 57-9 301호
전화 | 031-977-1854 팩스 | 031-976-1856
홈페이지 | http://blog.naver.com/doduls 전자우편 | doduls@naver.com
등록 | 1997.12.15. 제300-1997-140호

인쇄 | 금강인쇄(주)(031-943-0082)

ISBN 978-89-6167-294-8 (03150)
Copyright ⓒ 2021, 권혁

값 12,000원

돋을새김
푸른책장
시 리 즈
0 3 1

영어로 읽는 손자병법

손자 지음 | **라이오넬 자일스** 영역

돋을새김

"적을 알고 나를 안다면
백번의 전투도 두려워할 필요가 없다.
나를 알지만 적을 모른다면 승리를 거둘 때마다
매번 패배도 겪게 될 것이다.
적도 모르고 나도 모른다면
모든 전투에 패배할 것이다."

If you know the enemy and know yourself,
you need not fear the result of a hundred battles.
If you know yourself but not the enemy,
for every victory gained you will also suffer a defeat.
If you know neither the enemy nor yourself,
you will succumb in every battle.

손자(BC 544~496년경)

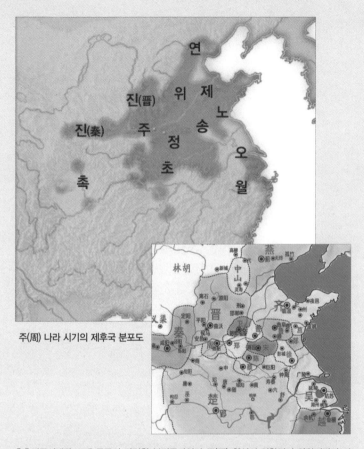

주(周) 나라 시기의 제후국 분포도

춘추전국시대란 고대 중국의 강력한 봉건국가였던 주(周) 왕실의 영향력이 약화되면서 여러 제후들이 패권을 다투던 시기이다. 주(周) 나라의 수도를 호경에서 낙읍으로 옮긴 BC 770년부터 BC 221년 진(秦) 나라에 의해 중국이 통일될 때까지 수많은 제후국들 사이에 전쟁이 끊이지 않았다. 손자는 전반기인 춘추시대에 신흥 제후국인 오나라에서 활약했다.

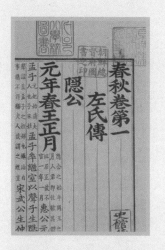 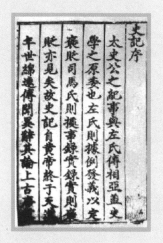

(좌) 춘추시대의 역사서 《춘추(春秋)》. 최초의 편년체 역사서로 공자(孔子)에 의해 쓰여졌다. 노나라 은공 때부터 애공 때(BC 722~481)까지의 시기를 다루었다.

(우) 사마천의 《사기(史記)》 첫 페이지. 한(漢) 무제 때 사마천에 의해 쓰여진 기전체 역사서. 사마천은 자신의 저술 동기를 《춘추》를 계승하는 데 있다고 밝힌다. 시대적 인물을 다룬 열전편에 '손자'에 대한 기록이 전해진다.

오나라 왕 합려(재위: BC 514~496).
손무, 오자서를 등용하여 강대국이었던
초나라를 공격하며 패권을 꿈꾸었다.

전제가 오나라 왕 요를 찔러죽이다(BC 515년). 전제가 호위무사들이 지키고 있던 왕 앞으로 천천히 나
아가 요리 속에 숨겨두었던 검으로 왕을 찔러 죽였다. 공자였던 광이 이후 오나라의 왕 합려가 되었다.
손자는 병법 제11편에서 적을 일시에 공격한 전제의 용맹함을 높이 평가했다.

오자서(BC 559~484).

초나라 사람이었으나 오나라에 망명하여 합려의 책사가 되었다. 오나라 왕 요의 시해 사건을 배후에서 조정했으며 합려에게 손자를 천거하여 군사력을 키웠다.

합려가 월나라 왕 구천에게 화살을 맞고 죽으면서 아들 부차에게 원수를 갚아달라고 당부하였다. 그러나 부차는 오자서의 판단을 따르지 않고 제나라를 돕는다는 모함으로 자결을 명하는 실정을 저질렀다. 결국 부차는 훗날 월왕 구천에의해 죽음을 당한다(와신상담).

주 왕조의 문왕(文王). 어진 마음으로 선정을
펼친 왕이다. 당시의 왕은 하늘의 명을 받은
천신으로 숭배되었다.

주 왕조 문왕의 아들 무왕(武王). 은 왕조를 물리치고 주변
지역을 정복했다. 봉건제도를 실시하여 최초의 통일국가의
기틀을 마련했다.

강태공(BC 11세기경).

중국 상고시대 주(周) 왕조의 군사전략가, 재상. 원래 이름은
여상 또는 강상. 은(殷) 왕조(상商이라고도 한다.)의 폭군이
었던 주(紂) 왕 시절에 속세를 떠나 위수 강변에서 바늘 없
는 낚시대를 놓고 은둔 생활을 했다.

주 왕조 문왕(文王)의 재사로 등용되었다. 이후 무왕(武王)
을 도와 은 왕조를 무너뜨리고 주 왕실이 천하를 평정하는
데 공을 세웠다. 이후 공을 인정받아 제 나라의 제후로 봉해
졌다.

그의 정치적, 군사적 전략은 이후 제후국 사이에 널리 유행
했다. 손자는 그의 전략을 '모(謨)'라고 언급하였다. 강태공
의 낚시는 '세월'을 낚기 위한 것이었다고 한다. 오늘날 '강
태공'은 낚시꾼을 상징하는 은어로 사용된다.

† 일러두기

1. 이 책은 《The Art of War》 By Sun Tzu, Translated by Lionel Giles(Originally Published 1910)를 원본 텍스트로 했다.

2. 영문 앞의 번호는 영역본에서 추가한 것이다.

| 차례 |

CHAPTER 1
LAYING PLANS

작전을 세우다

Ψ

1. Sun Tzu said: The art of war is of vital importance to the State.

손자(孫子)가 말했다 : 병법은 국가에 지극히 중요한 일이다.

2. It is a matter of life and death, a road either to safety or to ruin. Hence it is a subject of inquiry which can on no account be neglected.

이것은 생사와 관련된 일이며 안전이거나 멸망으로 향하는 길이다. 그러므로 결코 연구를 소홀히 할 수 없는 문제이다.

3. The art of war, then, is governed by five constant factors, to be taken into account in one's deliberations, when seeking to determine the conditions obtaining in the field.

병법은 나섯 가지 변치 않는 요소들에 의해 좌우되므로, 전장에서 파악한 형세를 결정하려 할 때, 이것들을 신중하게 헤아려야 한다.

4. These are: (1) The Moral Law; (2) Heaven; (3) Earth; (4) The Commander; (5) Method and discipline.

그 다섯 가지 요소들은 ① 도덕률(道) ② 하늘(天) ③ 땅(地) ④ 지휘관(將) ⑤ 체계와 훈련(法)이다.

5~6. The MORAL LAW causes the people to be in complete accord with their ruler, so that they will follow him regardless of their lives, undismayed by any danger.

도덕률(道)은 백성을 통치자와 완벽한 조화를 이루도록 이끈다. 그래서 백성은 자신들의 생명에 개의치 않고 군주를 따르게 되며 그 어떤 위험에도 겁을 내지 않는다.

7. HEAVEN signifies night and day, cold and heat, times and seasons.

하늘(天)은 낮과 밤, 추위와 더위, 시간과 계절을 뜻한다.

8. EARTH comprises distances, great and small; danger and security; open ground and narrow passes; the chances of life and death.

땅(地)은 거리의 멀고 가까움, 지역의 넓고 좁음, 위험과 안전, 넓은 평지와 좁은 통로, 생사의 가능성 등을 의미한다.

9. The COMMANDER stands for the virtues of wisdom, sincerity, benevolence, courage and strictness.

지휘관(將)은 지혜와 진실함, 자애로움과 용기 그리고 엄격함을 나타낸다.

10. By METHOD AND DISCIPLINE are to be understood the marshaling of the army in its proper subdivisions, the graduations of rank among the officers, the maintenance of roads by which supplies may reach the army, and the control of military expenditure.

체계와 규율(法)은 군대를 적절한 단위로 편성하고, 장교들 사이의 직급에 등급을 매기며, 보급품이 공급되는 보급로의 정비 그리고 군비의 통제로 이해하면 된다.

11. These five heads should be familiar to every general: he who knows them will be victorious; he who knows them not will fail.

이 다섯 가지의 주요한 항목들은 모든 장수들이 익히 알고 있어야만 한다. 이것을 잘 알고 있는 자는 승리하게 될 것이며, 모르는 자는 패하게 될 것이다.

12. Therefore, in your deliberations, when seeking to determine the military conditions, let them be made the basis of a comparison, in this wise:

그러므로 군사적 상황을 결정하기 위해 숙고할 때 다음과 같은 방식을 비교의 근거로 삼아야 한다.

13. (1) Which of the two sovereigns is imbued with the Moral law? (2) Which of the two generals has most ability? (3) With whom lie the advantages derived from Heaven and Earth? (4) On which side is discipline most rigorously enforced? (5) Which army is stronger? (6) On which side are officers and men more highly trained? (7) In which army is there the greater constancy both in reward and punishment?

(1) 두 나라의 군주 중 누가 도덕률을 제대로 갖추고 있는가?

(2) 두 나라의 장수 중 누가 더 뛰어난 능력을 갖추고 있는가?

(3) 하늘과 땅에서 비롯된 이점이 누구에게 있는가?

(4) 어느 나라의 규율이 더 엄격하게 지켜지고 있는가?

(5) 어느 나라의 군대가 더 강한가?

(6) 어느 나라의 장수와 사병이 더 강하게 훈련되어 있는가?

(7) 상과 벌을 내리는데 있어 어느 나라의 군대가 더 일관성이
있는가?

14. By means of these seven considerations I can forecast
victory or defeat.
나는 이러한 일곱 가지 고려사항을 근거로 승리와 패배를 예
측할 수 있다.

15. The general that hearkens to my counsel and acts upon
it, will conquer: let such a one be retained in command! The
general that hearkens not to my counsel nor acts upon it, will
suffer defeat: let such a one be dismissed!
나의 이러한 권고에 귀를 기울이고 그것을 실천하는 장수는
승리할 것이니, 그런 장수가 지휘하도록 하라! 나의 이러한 권
고에 귀를 기울이지 않거나 실천하지 않는 장수는 패배할 것
이니, 그런 장수는 쫓아내도록 하라!

16. While heeding the profit of my counsel, avail yourself also of any helpful circumstances over and beyond the ordinary rules.

나의 권고가 이롭다는 것을 마음에 담고 있으면, 일반적인 관례를 뛰어넘는 유리한 상황도 누릴 수 있을 것이다.

17. According as circumstances are favorable, one should modify one's plans.

상황이 유리해지는 것에 맞춰 자신의 계획을 변경해야 한다.

18. All warfare is based on deception.

모든 전쟁은 속임수에 기초한다.

19. Hence, when able to attack, we must seem unable; when using our forces, we must seem inactive; when we are near, we must make the enemy believe we are far away; when far away, we must make him believe we are near.

그러므로 공격할 수 있을 때 공격할 수 없는 것처럼 보여야만 하며, 병력을 이동할 때 움직이지 않는 것처럼 보여야만 한다. 가까이 다가가 있을 때는 아군이 멀리 있다고 믿도록 해야 하며, 아군이 멀리 있을 때는 가까이 있다고 믿도록 해야 한다.

20. Hold out baits to entice the enemy. Feign disorder, and crush him.

적을 유인하기 위해 미끼를 내밀고, 혼란을 가장하여 적을 격파한다.

21. If he is secure at all points, be prepared for him. If he is in superior strength, evade him.

적이 모든 면에서 안정되어 있다면, 그에 대비해야 한다. 적이 월등히 강하다면 피해야 한다.

22. If your opponent is of choleric temper, seek to irritate him. Pretend to be weak, that he may grow arrogant.

만약 적이 쉽게 성을 낸다면 자극할 방법을 찾는다. 아군이 약한 것처럼 가장한다면 적은 점점 오만해질 것이다.

23. If he is taking his ease, give him no rest. If his forces are united, separate them.

만약 적이 편히 쉬려 한다면 쉬지 못하도록 해야 한다. 적의 군대가 단결되어 있다면 흐트러지도록 한다.

24. Attack him where he is unprepared, appear where you are not expected.

적이 준비되어 있지 않은 곳을 공격하고, 적이 예상하지 못하는 곳을 공략한다.

25. These military devices, leading to victory, must not be divulged beforehand.

승리로 이끌어주는 이러한 군사 책략은 결코 사전에 누설되어서는 안 된다.

26. Now the general who wins a battle makes many calculations in his temple ere the battle is fought. The general who loses a battle makes but few calculations beforehand. Thus do many calculations lead to victory, and few calculations to defeat: how much more no calculation at all! It is by attention to this point that I can foresee who is likely to win or lose.

전투가 시작되기 전에 조정에서 신중한 계획들을 많이 논의한 장수가 승리한다. 사전에 신중한 계획들을 논의하지 못한 장수는 전투에서 지게 된다. 그러므로 신중한 계획이 많다면 승리하게 될 것이며, 신중한 계획이 적다면 패배하게 된다. 하물며 신중한 계획이 전혀 없다면 어찌되겠는가! 나는 이런 문제에 집중하므로 누가 지고, 누가 이길 것인지를 미리 예측할 수 있다.

CHAPTER 2
WAGING WAR

전쟁을 수행하다

Ψ

1. Sun Tzu said: In the operations of war, where there are in the field a thousand swift chariots, as many heavy chariots, and a hundred thousand mail-clad soldiers, with provisions enough to carry them a thousand LI, the expenditure at home and at the front, including entertainment of guests, small items such as glue and paint, and sums spent on chariots and armor, will reach the total of a thousand ounces of silver per day. Such is the cost of raising an army of 100,000 men.

손자가 말했다. 전쟁을 수행하려면 1천 대의 빠른 전투 마차와 그만큼의 수송 마차, 10만 명의 갑옷을 입은 병사와 그 병사들이 천리 길을 이동하기에 충분한 양식을 갖추어야 한다. 게다가 외빈을 맞이하는 일과 본국과 전장에서 필요한 경비, 아교와 칠과 같은 소소한 물품들과 마차와 갑옷에 소용되는 경비를 포함하면 매일 1천금에 이르게 될 것이다. 이것이 십만 군사를 일으키기 위해 필요한 경비이다.

2. When you engage in actual fighting, if victory is long in coming, then men's weapons will grow dull and their ardor will be damped. If you lay siege to a town, you will exhaust your strength.

실제로 전투에 돌입했을 때 승리하는데 오랜 시간이 걸린다면, 군대의 공격 수단은 점점 둔해지고 기세는 꺾이게 될 것이다. 성을 포위하여 공격한다면, 전투력은 쉽게 소모된다.

3. Again, if the campaign is protracted, the resources of the State will not be equal to the strain.

또한 군사행동을 오래 끌게 되면, 국가의 재정은 그 부담을 감당하지 못하게 된다.

4. Now, when your weapons are dulled, your ardor damped, your strength exhausted and your treasure spent, other chieftains will spring up to take advantage of your extremity. Then no man, however wise, will be able to avert the consequences that must ensue.

군대가 둔해지고, 기세가 꺾이고, 전투력이 고갈되고, 국가 재정을 다 써버린다면, 다른 나라들의 장수들이 그 난국을 틈타 공격해오게 될 것이다. 그렇다면 제아무리 현명해도 그것에 따른 결과를 되돌릴 수 없게 된다.

5. Thus, though we have heard of stupid haste in war, cleverness has never been seen associated with long delays.

그러므로 비록 전쟁에서 어리석게 서두른다는 말은 들어보았지만, 영리하게 오래 끄는 경우는 한번도 본 적이 없다.

6. There is no instance of a country having benefited from prolonged warfare.

전쟁을 오래 끄는 것으로 이익을 보았다는 나라는 전혀 없다.

7. It is only one who is thoroughly acquainted with the evils of war that can thoroughly understand the profitable way of carrying it on.

전쟁의 해로움을 충분히 알고 있는 자만이 전쟁을 수행하는 이로운 방법을 알 수 있다.

8. The skillful soldier does not raise a second levy, neither are his supply-wagons loaded more than twice.

훌륭한 군인은 두 번 징집하지 않으며, 보급 마차도 두 번 이상 군량을 싣지 않는다.

9. Bring war material with you from home, but forage on the enemy. Thus the army will have food enough for its needs.

군사물자는 본국에서 조달하지만 식량은 적으로부터 약탈한다. 그래야 군에 필요한 군량이 넉넉해지게 된다.

10. Poverty of the State exchequer causes an army to be maintained by contributions from a distance. Contributing to maintain an army at a distance causes the people to be impoverished.

멀리 떨어진 곳에 있는 군대를 지원하는 것은 국가의 재정을 부족하게 만든다. 멀리 떨어져 있는 군대를 지원하기 위한 물자 조달이 백성을 가난하게 만드는 것이다.

11. On the other hand, the proximity of an army causes prices to go up; and high prices cause the people's substance to be drained away.

반면에, 군대 주변의 물가는 오르게 되며, 높은 물가는 백성들의 재산을 고갈시키게 된다.

12. When their substance is drained away, the peasantry will be afflicted by heavy exactions.

재산이 고갈되면 백성들은 가혹한 부역에 시달리게 된다.

13~14. With this loss of substance and exhaustion of strength, the homes of the people will be stripped bare, and seven-tenths of their income will be dissipated; while government expenses for broken chariots, worn-out horses, breast-plates and helmets, bows and arrows, spears and shields, protective mantles, draught-oxen and heavy wagons, will amount to six-tenths of its total revenue.

이런 재산의 손실과 국력의 고갈로 나라 안 백성들의 가정은 헐벗게 되며, 그들 수입의 7할은 사라지게 된다. 반면에 정부의 지출은 부서진 마차와 노쇠한 군마, 갑옷, 투구, 활과 화살, 창과 방패, 일하는 소와 커다란 수레를 위해 전체 세금의 6할에 이르게 된다.

15. Hence a wise general makes a point of foraging on the enemy. One cartload of the enemy's provisions is equivalent to twenty of one's own, and likewise a single PICUL of his provender is equivalent to twenty from one's own store.

그러므로 현명한 장수는 반드시 적에게서 식량을 빼앗아오려 한다. 마차 한 대분의 적군의 식량은 아군의 20대 분량과 같으며, 마찬가지로 적군의 말먹이 한 석은 아군의 20석과 같다.

16. Now in order to kill the enemy, our men must be roused to anger; that there may be advantage from defeating the enemy, they must have their rewards.

적을 죽이려면 군사들의 적개심을 일으켜야 하며, 그래서 적군을 물리쳐 이익을 얻게 되면 반드시 포상을 해야만 한다.

17. Therefore in chariot fighting, when ten or more chariots have been taken, those should be rewarded who took the first. Our own flags should be substituted for those of the enemy, and the chariots mingled and used in conjunction with ours. The captured soldiers should be kindly treated and kept.

그러므로 전차로 싸웠을 때 10대 이상의 전차를 빼앗게 되면, 가장 앞장 선 자에게 상을 주어야만 한다. 적군의 깃발을 우리 군의 깃발로 바꿔 달아야만 하며, 빼앗은 전차들은 우리 군의 전차와 뒤섞어 함께 활용해야 한다. 포로가 된 병사들은 잘 대우하여 우리 군으로 만든다.

18. This is called, using the conquered foe to augment one's own strength.

이것을 '정복한 적군을 활용하여 우리 군의 전력을 증대시키는' 것이라 한다.

19. In war, then, let your great object be victory, not lengthy campaigns.

전쟁에서는 오랫동안 전투를 하는 것이 아니라 승리를 가장 큰 목표로 삼도록 해야 한다.

20. Thus it may be known that the leader of armies is the arbiter of the people's fate, the man on whom it depends whether the nation shall be in peace or in peril.

그러므로 군의 장수는 백성의 운명을 좌우하며, 나라의 평화 또는 위험이 그에게 달려 있다고 알려져 있는 것이다.

CHAPTER 3
ATTACK BY STRATAGEM

지략으로 공격하다

Ψ

1. Sun Tzu said: In the practical art of war, the best thing of all is to take the enemy's country whole and intact; to shatter and destroy it is not so good. So, too, it is better to recapture an army entire than to destroy it, to capture a regiment, a detachment or a company entire than to destroy them.

손자가 말했다. 실제의 병법에서 최선의 결과는 적국 전체를 차지하고 그대로 보전하는 것이며, 산산이 부수어 파괴하는 것은 그다지 좋지 않다. 마찬가지로 적군을 섬멸하는 것보다 온전히 생포하는 것이 더 좋으며, 연대와 파견대 또는 중대를 섬멸하는 것보다 생포하는 것이 더 좋은 방법이다.

2. Hence to fight and conquer in all your battles is not supreme excellence; supreme excellence consists in breaking the enemy's resistance without fighting.

그러므로 모든 전투에서 싸워 정복하는 것이 가장 훌륭한 것은 아니다. 싸움 없이 적의 저항을 꺾는 것이 가장 훌륭하다.

3. Thus the highest form of generalship is to balk the enemy's plans; the next best is to prevent the junction of the enemy's forces; the next in order is to attack the enemy's army in the field; and the worst policy of all is to besiege walled cities.

그러므로 최상의 지휘법은 적군의 계략을 방해하는 것이고,

그 다음이 적군의 연합을 막는 것이며

그 다음이 전장에서 적군을 공격하는 것이며

이 모든 것들 중 가장 나쁜 방책은 성벽으로 둘러싸인 도시를 포위하는 것이다.

4. The rule is, not to besiege walled cities if it can possibly be avoided. The preparation of mantlets, movable shelters, and various implements of war, will take up three whole months; and the piling up of mounds over against the walls will take three months more.

피할 수만 있다면 성벽으로 둘러싸인 도시를 포위하지 않는 것이 원칙이다. 커다란 방패와 이동할 수 있는 차폐물을 비롯한 다양한 전투 장비를 준비하는데 꼬박 석 달이 걸리며, 성벽을 오르기 위한 흙산을 쌓아올리는데 석 달이 더 걸리게 된다.

5. The general, unable to control his irritation, will launch his men to the assault like swarming ants, with the result that one-third of his men are slain, while the town still remains untaken. Such are the disastrous effects of a siege.

노여움을 억제하지 못하는 장수는 병사들을 개미떼처럼 공격에 나서게 할 것이며, 그 결과로 병사의 3분의 1이 죽게 되지만 성은 여전히 차지하지 못한 채로 남아 있게 된다. 이런 것이 포위 공격의 비참한 결과이다.

6. Therefore the skillful leader subdues the enemy's troops without any fighting; he captures their cities without laying siege to them; he overthrows their kingdom without lengthy operations in the field.

그러므로 뛰어난 장수는 전투를 벌이지 않고 적의 부대를 제압한다. 포위하지 않고 성을 차지하며, 전장에서 오랫동안 군사행동을 하지 않고 적국을 무너뜨린다.

7. With his forces intact he will dispute the mastery of the Empire, and thus, without losing a man, his triumph will be complete. This is the method of attacking by stratagem.

자신의 군대를 보전하면서 천하의 지배를 다투므로 군사를 잃지 않고 승리를 완수한다. 이것이 지략(智略)으로 공격하는 방법(모공:謀攻)이다.

8. It is the rule in war, if our forces are ten to the enemy's one, to surround him; if five to one, to attack him; if twice as numerous, to divide our army into two.

전쟁에서 아군이 적군의 열 배면 포위하고, 다섯 배면 공격하며, 두 배면 아군을 둘로 나누어 공격하는 것이 원칙이다.

9. If equally matched, we can offer battle; if slightly inferior in numbers, we can avoid the enemy; if quite unequal in every way, we can flee from him.

전력이 동등하다면 전투를 벌일 수 있으되, 수적으로 조금이라도 열세라면 적군을 피하고, 모든 면에서 열세라면 도망칠 수도 있다.

10. Hence, though an obstinate fight may be made by a small force, in the end it must be captured by the larger force.

그러므로 적은 병력으로 완강하게 싸울 수는 있다 해도, 결국에는 대병력의 포로가 될 수밖에 없다.

11. Now the general is the bulwark of the State; if the bulwark is complete at all points; the State will be strong; if the bulwark is defective, the State will be weak.

모름지기 장수는 그 나라의 성채다. 이 성채가 모든 면에서 완벽하다면 그 나라는 강해질 것이며, 결함이 있다면 나라는 약해질 것이다.

12. There are three ways in which a ruler can bring misfortune upon his army:

군주가 자기 군대를 위기에 빠뜨릴 수 있는 세 가지 방법은 다음과 같다.

13. (1) By commanding the army to advance or to retreat, being ignorant of the fact that it cannot obey. This is called hobbling the army.

(1) 군대가 따를 수 없다는 사실을 모르고 공격이나 퇴각을 명령하는 것이다. 이것을 군대를 고삐에 묶는 것이라고 부른다.

14. (2) By attempting to govern an army in the same way as he administers a kingdom, being ignorant of the conditions which obtain in an army. This causes restlessness in the soldier's minds.

(2) 군주가 군대의 상황도 모르면서 나라를 통치하는 것과 똑같은 방식으로 군대를 통솔하려 시도하는 것이다. 이것은 군사들을 불안하게 만든다.

15. (3) By employing the officers of his army without discrimination, through ignorance of the military principle of adaptation to circumstances. This shakes the confidence of the soldiers.

(3) 부대 상황에 적합한 군사적인 원칙도 모르면서 분별없이 군대의 지휘관들을 임명하는 것이다. 이것은 군사들의 신뢰를 흔들리게 한다.

16. But when the army is restless and distrustful, trouble is sure to come from the other feudal princes. This is simply bringing anarchy into the army, and flinging victory away.

하지만 군대가 불안해지고 의심을 품게 되면, 분명히 다른 나라의 제후로부터 공격을 받게 된다. 이것은 군대에 혼란을 일으키게 되며 결국 승리를 놓치게 된다.

17. Thus we may know that there are five essentials for victory: (1) He will win who knows when to fight and when not to fight. (2) He will win who knows how to handle both superior and inferior forces. (3) He will win whose army is animated by the same spirit throughout all its ranks. (4) He will win who, prepared himself, waits to take the enemy unprepared. (5) He will win who has military capacity and is not interfered with by the sovereign.

따라서 승리하기 위해서는 다섯 가지 불가결한 요소가 있다는 것을 알 수 있다.

(1) 싸울 때와 싸우지 않을 때를 아는 자가 승리한다.

(2) 우세하거나 열세인 군대를 모두 다룰 수 있는 법을 아는

자가 승리한다.

(3) 모든 계급의 군인이 사기충천해 있는 군대를 이끄는 자가 승리한다.

(4) 스스로 준비를 갖추고 준비가 안된 적군을 치기 위해 기다리는 자가 승리한다.

(5) 장수가 유능하고 군주가 간섭하지 않으면 승리한다.

18. Hence the saying: If you know the enemy and know yourself, you need not fear the result of a hundred battles. If you know yourself but not the enemy, for every victory gained you will also suffer a defeat. If you know neither the enemy nor yourself, you will succumb in every battle.

그러므로 손자는 이렇게 말한다. "적을 알고 나를 안다면, 백 번의 전투도 두려워 할 필요가 없다. 나를 알지만 적을 모른다면, 승리를 거둘 때마다 매번 패배도 겪게 될 것이다. 적도 모르고 나도 모른다면, 모든 전투에서 패하게 될 것이다."

CHAPTER 4
TACTICAL DISPOSITIONS

전술적 작전 계획

Ψ

1. Sun Tzu said: The good fighters of old first put themselves beyond the possibility of defeat, and then waited for an opportunity of defeating the enemy.

손자가 말했다. 예로부터 훌륭한 장수들은 우선 자신들이 패배하지 않도록 대비해놓고, 그 후에 적을 물리칠 기회를 기다렸다.

2. To secure ourselves against defeat lies in our own hands, but the opportunity of defeating the enemy is provided by the enemy himself.

아군이 패하지 않도록 하는 것은 우리 손에 달려 있지만 적을 물리칠 기회는 적이 스스로 제공하는 것이다.

3. Thus the good fighter is able to secure himself against defeat, but cannot make certain of defeating the enemy.

그러므로 훌륭한 장수는 패하지 않도록 자신을 지킬 수는 있지만, 적을 반드시 패배시킬 수 있는 것은 아니다.

4. Hence the saying: One may KNOW how to conquer without being able to DO it.

그러므로 손자는 '승리하는 방법을 알고 있다 해도, 반드시 승리할 수 있는 것은 아니다.'고 말했다.

5. Security against defeat implies defensive tactics; ability to defeat the enemy means taking the offensive.

패배하지 않는다는 것은 당연히 방어적인 전략을 수반하는 것이며, 적을 패배시킬 능력은 공격적인 전략을 택한다는 것을 의미한다.

6. Standing on the defensive indicates insufficient strength; attacking, a superabundance of strength.

방어를 지속한다는 것은 전력이 부족하다는 것을 가리키며, 공격은 전력이 남아돌아간다는 것을 가리킨다.

7. The general who is skilled in defense hides in the most secret recesses of the earth; he who is skilled in attack flashes forth from the topmost heights of heaven. Thus on the one hand we have ability to protect ourselves; on the other, a victory that is complete.

방어에 능숙한 장수는 땅 속 가장 깊은 곳에 숨어 있으며, 공격에 능한 장수는 하늘의 가장 높은 곳에서 갑자기 나타난다. 그러므로 한편으로는 자신을 지킬 능력이 있어야 완벽한 승리를 거둘 수 있게 된다.

8. To see victory only when it is within the ken of the common herd is not the acme of excellence.

모든 사람의 예측 범위 내에 있는 승리를 내다보는 것은 최상이 아니다.

9. Neither is it the acme of excellence if you fight and conquer and the whole Empire says, "Well done!"

싸워 이겼으나 모두가 '잘 싸웠다'고 하는 것도 최상은 아니다.

10. To lift an autumn hair is no sign of great strength; to see the sun and moon is no sign of sharp sight; to hear the noise of thunder is no sign of a quick ear.

가을에 가늘어진 짐승의 털을 들어 올리는 것이 힘이 세다는 증거가 아니며, 해와 달을 보는 것이 눈이 밝다는 증거가 아니며, 천둥소리를 듣는 것이 귀가 밝다는 증거도 아니다.

11. What the ancients called a clever fighter is one who not only wins, but excels in winning with ease.

옛사람들이 뛰어난 전사라 불렀던 사람은 싸움에서 이길 뿐만 아니라 쉽게 이기는데 탁월했던 사람이다.

12. Hence his victories bring him neither reputation for wisdom nor credit for courage.

그래서 그의 승리에는 지혜롭다는 명성도 용맹하다는 공적도 없는 것이다.

13. He wins his battles by making no mistakes. Making no mistakes is what establishes the certainty of victory, for it means conquering an enemy that is already defeated.

그는 아무런 실수도 저지르지 않고 싸워서 이긴다. 실수를 저지르지 않는다는 것은 반드시 승리한다는 것이다. 이미 패한 적을 이겼다는 의미이기 때문이다.

14. Hence the skillful fighter puts himself into a position which makes defeat impossible, and does not miss the moment for defeating the enemy.

그러므로 뛰어난 전사는 자신의 패배가 불가능한 위치에 서서 적을 패배시킬 순간을 놓치지 않는다.

15. Thus it is that in war the victorious strategist only seeks battle after the victory has been won, whereas he who is destined to defeat first fights and afterwards looks for victory.

그러므로 전쟁에서 승리하는 전략가는 승리가 확보된 후에 전투를 벌이지만, 패배할 수밖에 없는 자는 먼저 싸우고 나중에 승리를 구한다.

16. The consummate leader cultivates the moral law, and strictly adheres to method and discipline; thus it is in his power to control success.

유능한 지도자는 도덕률을 갈고 닦으며, 법과 규율을 엄격하게 준수하여, 승리를 다스릴 능력을 갖추고 있다.

17.　In respect of military method, we have, firstly, Measurement; secondly, Estimation of quantity; thirdly, Calculation; fourthly, Balancing of chances; fifthly, Victory.

병법에 있어 첫째는 영토의 크기, 둘째는 자원의 규모, 세 번째는 인구의 계산, 네 번째는 승산의 안정성, 다섯 번째를 승리라고 말한다.

18.　Measurement owes its existence to Earth; Estimation of quantity to Measurement; Calculation to Estimation of quantity; Balancing of chances to Calculation; and Victory to Balancing of chances.

지형에서 영토의 크기가 결정되고, 영토의 크기에서 자원의 규모가 결정되며, 자원의 규모에서 인구의 계산이 결정되고, 인구의 계산에서 승산의 안정성이 결정되며, 승산의 안정성에서 승리가 결정되는 것이다.

19. A victorious army opposed to a routed one, is as a pound's weight placed in the scale against a single grain. A routed army is as a single grain's weight placed in the scale against a pound.

승리하는 군대는 곡식의 낱알을 재는 저울에 무거운 물건을 올려놓는 것과 같고, 패하는 군대는 무거운 물건을 재는 저울에 낱알을 올려놓는 것과 같다.

20. The onrush of a conquering force is like the bursting of pent-up waters into a chasm a thousand fathoms deep.

승리하는 군대의 돌격은 마치 막아놓았던 물을 천길 깊이의 골짜기로 쏟아내는 것과 같다.

CHAPTER 5
ENERGY

주도권 장악

Ψ

1. Sun Tzu said: The control of a large force is the same principle as the control of a few men: it is merely a question of dividing up their numbers.

손자가 말했다. 많은 군사를 지휘하는 것과 적은 군사를 지휘하는 것은 동일한 원칙으로 이루어진다. 이것은 단순히 군사의 수를 분배하는 것의 문제이다.

이것을 '분수(分數:편제)'라고 한다.

2. Fighting with a large army under your command is nowise different from fighting with a small one: it is merely a question of instituting signs and signals.

많은 군사를 지휘하여 싸우는 것은 적은 군사로 싸우는 것과 전혀 다르지 않다. 그것은 단순히 깃발과 북을 체계적으로 조직하는 문제이다.

이것을 '형명(形名:지휘)'이라고 한다.

3. To ensure that your whole host may withstand the brunt of the enemy's attack and remain unshaken---this is effected by maneuvers direct and indirect.

공격해오는 적군의 예봉을 잘 견디고 동요하지 않도록 확실하게 하는 것은 직간접적인 계략에 의해 이루어진다.

이것을 '기정(奇正:원칙과 변칙)'이라고 한다.

4. That the impact of your army may be like a grindstone dashed against an egg–this is effected by the science of weak points and strong.

군대가 숫돌로 계란을 박살내는 것처럼 타격할 수 있는 것은 약점과 강점을 숙련시키는 것으로 이루어진다.

이것을 '허실(虛實)'이라고 한다.

5. In all fighting, the direct method may be used for joining battle, but indirect methods will be needed in order to secure victory.

모든 전쟁에서, 정공법을 활용하게 되지만 승리를 확보하기 위해 우회전술이 필요할 때도 있다.

6. Indirect tactics, efficiently applied, are inexhaustible as Heaven and Earth, unending as the flow of rivers and streams; like the sun and moon, they end but to begin anew; like the four seasons, they pass away to return once more.

효과적으로 펼쳐진다면 우회전술은 하늘과 땅처럼 무궁무진하며, 강과 시냇물의 흐름처럼 끊임이 없다. 해와 달처럼 일단 지지만 다시 새롭게 떠오르고, 사계절처럼 다시 돌아오기 위해 지나가는 것이다.

7. There are not more than five musical notes, yet the combinations of these five give rise to more melodies than can ever be heard.

음표는 다섯 가지뿐이 없지만 그 다섯 가지의 조합은 귀로 들을 수 있는 것보다 더 많은 곡조를 만들어낸다.

8. There are not more than five primary colors (blue, yellow, red, white, and black), yet in combination they produce more hues than can ever been seen.

색은 다섯 가지에 지나지 않지만, 그것들의 조화는 눈으로 볼 수 있는 것보다 더 많은 빛깔을 만들어낸다.

9. There are not more than five cardinal tastes (sour, acrid, salt, sweet, bitter), yet combinations of them yield more flavors than can ever be tasted.

기본적인 맛은 다섯 가지에 지나지 않지만, 그것들이 화합하면 입으로 맛볼 수 있는 것보다 더 많은 맛을 만들어낸다.

10. In battle, there are not more than two methods of attack: the direct and the indirect; yet these two in combination give rise to an endless series of maneuvers.

전투에서 공격 전술은 정공법과 우회전술 두 가지뿐이지만, 이 두 가지의 배합은 헤아릴 수 없이 많은 작전을 만들어낸다.

11. The direct and the indirect lead on to each other in turn. It is like moving in a circle---you never come to an end. Who can exhaust the possibilities of their combination?

정공법과 우회전술은 번갈아가며 서로를 이끌게 된다. 마치 순환하는 것과 같아서, 그 끝은 없다. 과연 어느 누가 그 조합의 가능성을 전부 논할 수 있으랴?

12. The onset of troops is like the rush of a torrent which will even roll stones along in its course.

군대의 공격은 세차게 흐르는 물과 같아서 바위도 물길을 따라 구르게 만든다.

13. The quality of decision is like the well-timed swoop of a falcon which enables it to strike and destroy its victim.
결단력의 특성은 잘 훈련된 송골매가 잡아채는 것과 같아서 그 먹이를 두드리고 파괴할 수 있다.

14. Therefore the good fighter will be terrible in his onset, and prompt in his decision.
그러므로 훌륭한 전사는 격렬하게 공격하고 빠르게 결단한다.

15. Energy may be likened to the bending of a crossbow; decision, to the releasing of a trigger.
기세는 쇠뇌의 시위를 당기는 것에, 결단은 그것을 발사하는 것에 비유할 수 있다.

16. Amid the turmoil and tumult of battle, there may be seeming disorder and yet no real disorder at all; amid confusion and chaos, your array may be without head or tail, yet it will be proof against defeat.

전투의 혼란과 흥분의 와중에서 무질서하게 보일 수는 있지만 실제로는 전혀 무질서하지 않다. 혼돈과 무질서 속에서 전투 대형이 머리와 꼬리가 없는 것처럼 보여도 패배하지 않는다.

17. Simulated disorder postulates perfect discipline, simulated fear postulates courage; simulated weakness postulates strength.

가장된 혼란은 완벽한 훈련을 전제로 하며, 가장된 두려움은 용기를 전제로 하며, 가장된 약점은 강함을 전제로 한다.

18. Hiding order beneath the cloak of disorder is simply a question of subdivision; concealing courage under a show of timidity presupposes a fund of latent energy; masking strength with weakness is to be effected by tactical dispositions.

무질서를 가장하여 질서를 감추는 것은 단순히 부대 편성의 문제이다. 가장된 비겁함으로 용기를 감추는 것은 부대의 잠재적인 기세를 전제로 한다. 강함을 약함으로 가리는 것은 부대의 전술적인 배치에 의해 완성된다.

19. Thus one who is skillful at keeping the enemy on the move maintains deceitful appearances, according to which the enemy will act. He sacrifices something, that the enemy may snatch at it.

그러므로 적군을 줄곧 움직이도록 만드는데 능숙한 자는 거짓 형세를 유지하면서 그에 따라 적군을 움직이도록 만든다. 미끼를 주면 적군은 그것을 덥석 낚아채게 된다.

20. By holding out baits, he keeps him on the march; then with a body of picked men he lies in wait for him.

미끼를 내밀어 적군을 줄곧 이동하도록 만들고, 그런 후에 선발된 병력으로 적군을 기다린다.

21. The clever combatant looks to the effect of combined energy, and does not require too much from individuals. Hence his ability to pick out the right men and utilize combined energy.

현명하게 싸우는 장수는 연합된 부대의 기세를 중시하며, 개인에게 너무 많은 것을 요구하지 않는다. 그래서 그에게는 올바른 병력을 선발해 연합된 기세를 활용하는 능력이 있다.

22. When he utilizes combined energy, his fighting men become as it were like unto rolling logs or stones. For it is the nature of a log or stone to remain motionless on level ground, and to move when on a slope; if four-cornered, to come to a standstill, but if round-shaped, to go rolling down.

그가 연합된 부대의 기세를 활용할 때, 그의 전투원들은 구르는 통나무나 바위와 같다. 통나무나 바위는 평지에서는 움직이지 않지만 비탈에 있을 때는 움직이는 특성이 있기 때문이다. 만약 네 귀퉁이가 있다면 멈춰 있게 되지만 둥글다면 굴러내리게 된다.

23. Thus the energy developed by good fighting men is as the momentum of a round stone rolled down a mountain thousands of feet in height. So much on the subject of energy.

그러므로 잘 싸우는 병력이 펼치는 기세는 천길 높이의 산에서 굴러내리는 둥근 돌의 형세와 같다. 이것이 기세(氣勢)에 관한 내용이다.

CHAPTER 6
WEAK POINTS AND STRONG

약점과 강점

Ψ

1. Sun Tzu said: Whoever is first in the field and awaits the coming of the enemy, will be fresh for the fight; whoever is second in the field and has to hasten to battle will arrive exhausted.

손자가 말했다. 싸움터에 먼저 나가 적군을 기다리는 군대는 기운차게 싸우게 되지만, 나중에 싸움터에 나가 서둘러 싸우는 군대는 지치게 된다.

2. Therefore the clever combatant imposes his will on the enemy, but does not allow the enemy's will to be imposed on him.

그러므로 싸움을 잘하는 자는 자신의 의도대로 적군을 공격하며, 적군의 의도대로 움직이지 않는다.

3. By holding out advantages to him, he can cause the enemy to approach of his own accord; or, by inflicting damage, he can make it impossible for the enemy to draw near.

이익이 있다는 생각을 품게 하면 적군은 자진하여 다가오며, 손해가 있다는 것을 보여주면 적군이 가까이 다가올 수 없게 만들 수 있다.

4. If the enemy is taking his ease, he can harass him; if well supplied with food, he can starve him out; if quietly encamped, he can force him to move.

적군이 쉬려고 하면, 쉴새없이 공격하여 괴롭힐 수 있으며, 식량을 넉넉하게 공급받는다면 보급을 끊어 굶주리게 할 수 있으며, 평온하게 주둔하고 있다면 억지로 움직이도록 만들 수 있다.

5. Appear at points which the enemy must hasten to defend; march swiftly to places where you are not expected.

적군이 다급하게 막아야만 하는 곳으로 출격하고, 적군이 예상하지 못한 곳으로 빠르게 진격한다.

6. An army may march great distances without distress, if it marches through country where the enemy is not.

군대가 아주 먼 거리를 힘들이지 않고 행군할 수 있는 것은 적군이 없는 곳을 행군했기 때문이다.

7. You can be sure of succeeding in your attacks if you only attack places which are undefended. You can ensure the safety of your defense if you only hold positions that cannot be attacked.

공격의 성공을 확신할 수 있는 것은 수비하지 않는 곳을 공격하기 때문이다. 안전한 방어를 보장할 수 있는 것은 오직 공격받지 않을 위치를 차지하고 있기 때문이다.

8. Hence that general is skillful in attack whose opponent does not know what to defend; and he is skillful in defense whose opponent does not know what to attack.

그러므로 공격에 능한 장수는 적군이 어디를 지켜야 할지 모르도록 하며, 방어에 능숙한 장수는 적군이 어디를 공격해야 할지 모르도록 한다.

9. O divine art of subtlety and secrecy! Through you we learn to be invisible, through you inaudible; and hence we can hold the enemy's fate in our hands.

오오, 미묘하고도 비밀스러운 전술이여! 전술을 통해 우리는 보이거나 들리지 않도록 하는 법을 배웠으며, 그래서 적군의 운명을 우리 손아귀에 쥘 수 있는 것이다.

10. You may advance and be absolutely irresistible, if you make for the enemy's weak points; you may retire and be safe from pursuit if your movements are more rapid than those of the enemy.

우리가 진격해도 적군이 전혀 방어하지 못하는 것은 적군의 약점을 찾아 공격했기 때문이며, 퇴각해도 추격의 염려가 없는 것은 적군보다 훨씬 더 빨리 움직였기 때문이다.

11. If we wish to fight, the enemy can be forced to an engagement even though he be sheltered behind a high rampart and a deep ditch. All we need do is attack some other place that he will be obliged to relieve.

우리가 싸우고자 한다면, 적군은 비록 높은 성벽과 깊은 도랑에 숨어 있다 해도 싸울 수밖에 없다. 우리는 적군이 반드시 지키려 하는 곳을 공격하면 되는 것이다.

12. If we do not wish to fight, we can prevent the enemy from engaging us even though the lines of our encampment be merely traced out on the ground. All we need do is to throw something odd and unaccountable in his way.

우리가 싸우고 싶지 않다면, 비록 우리 진영의 방어선이 쉽게 추적될 수 있다 해도 적군이 우리와 싸우지 못하게 막을 수 있다. 파악할 수 없는 뜻밖의 것을 적군의 진로에 던져주기만 하면 된다.

13. By discovering the enemy's dispositions and remaining invisible ourselves, we can keep our forces concentrated, while the enemy's must be divided.

적군의 배치를 알아차리고 아군은 드러내지 않는다면, 아군은 집결시킬 수 있지만 적군은 반드시 분열된다.

14. We can form a single united body, while the enemy must split up into fractions. Hence there will be a whole pitted against separate parts of a whole, which means that we shall be many to the enemy's few.

우리는 단일하게 연합된 부대를 형성하지만 적군은 나누어지게 된다. 그래서 완전한 하나의 부대로 여럿으로 분리된 부대들과 싸우게 되는 것이다. 이것은 다수로 소수의 적과 싸운다는 의미이다.

15. And if we are able thus to attack an inferior force with a superior one, our opponents will be in dire straits.

우세한 병력으로 열세인 병력을 공격할 수 있다면, 적군은 비참한 곤경에 빠지게 된다.

16. The spot where we intend to fight must not be made known; for then the enemy will have to prepare against a possible attack at several different points; and his forces being thus distributed in many directions, the numbers we shall have to face at any given point will be proportionately few.

우리가 싸우려는 장소를 알지 못하도록 해야 한다. 그래야 적군이 여러 지역을 공격당할 가능성에 맞춰 대비하게 된다. 그래서 여러 방향으로 분산되고 우리가 맞서야 할 적병의 수는 그만큼 적어지게 된다.

17. For should the enemy strengthen his van, he will weaken his rear; should he strengthen his rear, he will weaken his van; should he strengthen his left, he will weaken his right; should he strengthen his right, he will weaken his left. If he sends reinforcements everywhere, he will everywhere be weak.

적군이 선봉부대를 강화하면 후방이 약해질 것이고, 후방을 강화하면 선봉부대가 약해질 것이다. 좌측을 강화하면 우측이 약해질 것이며, 우측을 강화하면 좌측이 약해질 것이다. 만약 모든 곳으로 병력을 증강하면 모든 곳이 약해질 것이다.

18.　Numerical weakness comes from having to prepare against possible attacks; numerical strength, from compelling our adversary to make these preparations against us.

수적인 열세는 공격당할 가능성을 대비해야 하는데서 비롯된다. 수적으로 우세하게 되는 것은 적으로 하여금 우리 군에 맞서 여러 곳을 방비하도록 만드는 것에서 비롯된다.

19.　Knowing the place and the time of the coming battle, we may concentrate from the greatest distances in order to fight.

싸우게 될 장소와 시간을 안다면, 아주 멀리 떨어져 있는 곳에서부터 싸움에 집중할 수 있게 된다.

20. But if neither time nor place be known, then the left wing will be impotent to succor the right, the right equally impotent to succor the left, the van unable to relieve the rear, or the rear to support the van. How much more so if the furthest portions of the army are anything under a hundred LI apart, and even the nearest are separated by several LI!

하지만 싸울 시간과 장소를 모른다면 좌군이 우군을 지원하지 못하고, 우군도 좌군을 지원하지 못하게 된다. 선봉은 후방을 구조할 수 없으며 후방은 선봉을 지원할 수 없게 된다. 하물며 군의 가장 먼 부대가 수십 리는 떨어져 있고, 가장 가까운 부대마저 수 리나 떨어져 있다면 어떻게 되겠는가!

21. Though according to my estimate the soldiers of Yueh exceed our own in number, that shall advantage them nothing in the matter of victory. I say then that victory can be achieved.

내가 헤아려본 바에 따르면 월(越)나라 병사의 수는 우리보다 많았지만 승리에는 아무런 보탬도 되지 못했다. 그래서 나는 승리할 수 있다고 말한다.

22. Though the enemy be stronger in numbers, we may prevent him from fighting. Scheme so as to discover his plans and the likelihood of their success.

적군의 병력이 많다 해도, 우리는 적군이 싸우지 못하게 할 수 있다. 즉, 적군의 계책을 알아내고 그 계책에 대한 대비책을 마련한다.

23. Rouse him, and learn the principle of his activity or inactivity. Force him to reveal himself, so as to find out his vulnerable spots.

적군을 선동해 움직이고 멈추는 그들의 원칙을 알아낸다. 자신을 드러내도록 만들어, 공격받기 쉬운 지점을 찾아낸다.

24. Carefully compare the opposing army with your own, so that you may know where strength is superabundant and where it is deficient.

적군과 아군을 세밀하게 비교해 어느 곳의 병력이 월등히 강하고 어느 곳이 부족한지를 알아야 한다.

25. In making tactical dispositions, the highest pitch you can attain is to conceal them; conceal your dispositions, and you will be safe from the prying of the subtlest spies, from the machinations of the wisest brains.

전술적인 배치에 있어 최상의 상태는 감추는 것이다. 감추게 되면 은밀히 숨어 있는 첩자도 엿보지 못하고 지혜가 출중한 자도 간계를 부릴 수 없게 된다.

26. How victory may be produced for them out of the enemy's own tactics---that is what the multitude cannot comprehend.

대부분의 병사들은 어떻게 적군의 전술을 물리치고 이겼는지 알 수 없다.

27. All men can see the tactics whereby I conquer, but what none can see is the strategy out of which victory is evolved.

승리를 거둔 전술은 모두가 알 수 있지만, 어떤 작전으로 승리를 이끌어냈는지를 아무도 알 수 없는 것이다.

28. Do not repeat the tactics which have gained you one victory, but let your methods be regulated by the infinite variety of circumstances.

승리를 거두었던 전술은 반복해서는 안되며 무궁무진한 형세에 따라 변화시켜야 한다.

29. Military tactics are like unto water; for water in its natural course runs away from high places and hastens downwards.

군사 전술은 물과 같다. 물은 자연스럽게 높은 곳을 벗어나 낮은 곳으로 급히 흘러가기 때문이다.

30. So in war, the way is to avoid what is strong and to strike at what is weak.

따라서 전쟁에서는 강한 곳은 피하고 약한 곳을 공격한다.

31. Water shapes its course according to the nature of the ground over which it flows; the soldier works out his victory in relation to the foe whom he is facing.

물은 땅의 특성에 따라 흐름을 만들어내고, 군대는 맞선 적군의 상황에 따라 승리를 만들어낸다.

32. Therefore, just as water retains no constant shape, so in warfare there are no constant conditions.

그러므로 물이 일정한 형상을 유지하지 않는 것처럼 전쟁에서도 일정한 형세가 없는 것이다.

33. He who can modify his tactics in relation to his opponent and thereby succeed in winning, may be called a heaven-born captain.

자신의 전술을 적군과의 관계에 따라 변화시킬 수 있어 승리를 거두는 자라면 천부의 재능을 지닌 장수라 부를 수 있다.

34. The five elements (water, fire, wood, metal, earth) are not always equally predominant; the four seasons make way for each other in turn. There are short days and long; the moon has its periods of waning and waxing.

다섯 가지 요소(五行:물, 불, 나무, 쇠, 땅)는 언제나 똑같이 작용하지 않으며, 사계절은 차례대로 이어진다. 해는 짧은 날이 있고 긴 날이 있으며, 달은 기울고 차오르는 기간이 있다.

CHAPTER 7
MANEUVERING

기동작전 또는책략

Ψ

1. Sun Tzu said: In war, the general receives his commands from the sovereign.
손자가 말했다. 전쟁에서 장수는 군주로부터 지휘권을 받게 된다.

2. Having collected an army and concentrated his forces, he must blend and harmonize the different elements thereof before pitching his camp.
장수는 군대를 소집하고 병력을 집결시켜, 주둔지를 정하기 전에 다양한 병력들을 섞어 조화롭게 배치해야만 한다.

3. After that, comes tactical maneuvering, than which there is nothing more difficult. The difficulty of tactical maneuvering consists in turning the devious into the direct, and misfortune into gain.

그런 후에 전술적 책략(軍爭:군쟁)을 세워야 하는데, 이것보다 더 어려운 일은 없다. 전술적 책략의 어려움은 구부러진 길을 가로질러 가도록 만들고 불리한 것도 이롭게 만들어야 하는데 있다.

4. Thus, to take a long and circuitous route, after enticing the enemy out of the way, and though starting after him, to contrive to reach the goal before him, shows knowledge of the artifice of DEVIATION.

그러므로 방해가 되지 않도록 적군을 유인한 후에 멀리 돌아가는 길을 택하고, 비록 늦게 출발해도 적군보다 먼저 목적지에 도착하도록 궁리하는 것이 바로 일탈의 계책이다.

이것이 '우직지계(迂直之計): 돌아가면서도 빨리 가는 전략'이라고 하는 것이다.

5. Maneuvering with an army is advantageous; with an undisciplined multitude, most dangerous.

전술적 책략은 이로운 것이지만, 훈련되지 않은 병력에겐 대단히 위험하다.

6. If you set a fully equipped army in march in order to snatch an advantage, the chances are that you will be too late. On the other hand, to detach a flying column for the purpose involves the sacrifice of its baggage and stores.

유리한 지점을 차지하기 위해 중무장한 군대를 출병하면 너무 늦게 도착하기 쉽다. 반면에 날쌘 부대를 출병하면 중장비와 보급품을 잃게 될 수 있다.

7. Thus, if you order your men to roll up their buff-coats, and make forced marches without halting day or night, covering double the usual distance at a stretch, doing a hundred LI in order to wrest an advantage, the leaders of all your three divisions will fall into the hands of the enemy.

그래서 유리한 곳을 차지하기 위해 병사들에게 갑옷을 걷어 올리고 밤낮으로 쉬지 않고 한달음에 두 배의 거리를 행군하도록 명령해 100리를 간다면, 삼군의 장수들은 모두 적군의 손아귀에 잡히게 될 것이다.

8. The stronger men will be in front, the jaded ones will fall behind, and on this plan only one-tenth of your army will reach its destination.

체력이 강한 병사들은 앞서 나가고, 약한 병사들은 뒤처지게 되므로 이 작전으로는 단지 10분의 1만이 목적지에 도착하게 될 것이다.

9. If you march fifty LI in order to outmaneuver the enemy, you will lose the leader of your first division, and only half your force will reach the goal.

적군의 허를 찌르기 위해 50리를 행군하면, 첫 번째 부대의 장수를 잃게 되고 오직 병력의 반만이 목적지에 도착하게 될 것이다.

10. If you march thirty LI with the same object, two-thirds of your army will arrive.

마찬가지로 30리를 행군하면, 군대의 3분의 2가 목적지에 도착하게 될 것이다.

11. We may take it then that an army without its baggage train is lost; without provisions it is lost; without bases of supply it is lost.

그래서 수송부대가 없어도 패할 것이고, 보급이 없어도 패할 것이며, 비축한 물자가 없어도 패할 것이라고 생각해야 한다.

12. We cannot enter into alliances until we are acquainted with the designs of our neighbors.

이웃 나라의 속마음을 명확하게 알게 되기까지는 동맹을 맺을 수 없다.

13. We are not fit to lead an army on the march unless we are familiar with the face of the country — its mountains and forests, its pitfalls and precipices, its marshes and swamps.

산과 숲의 함정과 절벽, 늪지대 등 그 나라 지형에 익숙하지 않다면 군대의 행군을 이끄는데 적합하지 않다.

14. We shall be unable to turn natural advantage to account unless we make use of local guides.

그 지역의 안내인을 쓰지 않는다면 지형의 이점을 얻을 수 없게 된다.

15. In war, practice dissimulation, and you will succeed.

전쟁에서는 속임수를 써야 하며, 그래야 승리하게 된다.

16. Whether to concentrate or to divide your troops, must be decided by circumstances.

병력의 집중과 분할은 상황에 따라 결정해야 한다.

17. Let your rapidity be that of the wind, your compactness that of the forest.

군대의 속도는 바람처럼 빠르고, 숲처럼 고요하게 평온해야 한다.

18. In raiding and plundering be like fire, in immovability like a mountain.

불길처럼 들이닥쳐 빼앗고, 산처럼 동요되지 않아야 한다.

19. Let your plans be dark and impenetrable as night, and when you move, fall like a thunderbolt.

작전은 한밤처럼 어두워 알아차릴 수 없게 하고, 움직일 때는 천둥벼락이 내려치는 것처럼 해야 한다.

20. When you plunder a countryside, let the spoil be divided amongst your men; when you capture new territory, cut it up into allotments for the benefit of the soldiery.

고을을 약탈했다면 전리품은 병사들에게 나누어주고, 새로운
영토를 차지했다면 군대의 이익을 위해 분배한다.

21. Ponder and deliberate before you make a move.
움직이기 전에는 깊이 생각하고 검토해야 한다.

22. He will conquer who has learnt the artifice of deviation.
Such is the art of maneuvering.
이 일탈의 전술을 알고 있는 자가 승리할 것이다. 이것이 책략
의 병법이다.
이것이 바로 '군쟁(軍爭)의 법칙'이다.

23. The Book of Army Management says: On the field of
battle, the spoken word does not carry far enough: hence the
institution of gongs and drums. Nor can ordinary objects be
seen clearly enough: hence the institution of banners and flags.
병법서 〈군정(軍政)〉에서 말하기를, '전장에서는 말소리가 충

분히 멀리 전달되지 않으므로 징과 북을 사용했다. 또한 일반
적인 물건들은 명확하게 보이지 않으므로, 깃발을 만들었다.'
고 했다.

24. Gongs and drums, banners and flags, are means whereby
the ears and eyes of the host may be focused on one particular
point.
징과 북 그리고 깃발은 많은 병사들의 눈과 귀를 하나의 특정
한 지점으로 집중시키려는 수단이다.

25. The host thus forming a single united body, is it
impossible either for the brave to advance alone, or for the
cowardly to retreat alone. This is the art of handling large
masses of men.
많은 병사들로 단일한 연합체를 구성하면, 용감한 병사도 혼
자 전진할 수 없으며, 겁 많은 병사도 혼자 물러서지 못하게
된다. 이것이 대규모 군사를 지휘하는 병법이다.

26. In night-fighting, then, make much use of signal-fires and drums, and in fighting by day, of flags and banners, as a means of influencing the ears and eyes of your army.

그래서 부대의 눈과 귀를 집중시키는 수단으로 야간전투에서는 횃불과 북을, 주간전투에서는 깃발을 주로 사용한다.

27. A whole army may be robbed of its spirit; a commander-in-chief may be robbed of his presence of mind.

전군이 사기를 잃을 수도 있고, 장군도 정신을 차리지 못할 수도 있다.

28. Now a soldier's spirit is keenest in the morning; by noonday it has begun to flag; and in the evening, his mind is bent only on returning to camp.

병사들의 사기는 아침에 가장 높으며, 한낮이 되면 약해지며, 저녁에는 주둔지로 돌아가고 싶은 마음뿐이다.

29. A clever general, therefore, avoids an army when its spirit is keen, but attacks it when it is sluggish and inclined to return. This is the art of studying moods.

그러므로 현명한 장수는 적군의 사기가 높을 때를 피하고 나태해지거나 주둔지로 돌아가고 싶어 할 때 공격한다. 이것이 기세를 바탕으로 한 병법이다.

30. Disciplined and calm, to await the appearance of disorder and hubbub amongst the enemy: — this is the art of retaining self-possession.

잘 훈련시켜 차분하게 적군 사이에 무질서와 혼란이 일어나기를 기다리는 것이 냉정함을 유지하는 병법이다.

31. To be near the goal while the enemy is still far from it, to wait at ease while the enemy is toiling and struggling, to be well-fed while the enemy is famished: — this is the art of husbanding one's strength.

적군이 여전히 멀리 떨어져 있는 동안 목적지 가까운 곳에 머

물면서, 적군이 힘들여 진군하는 동안 편안히 기다리며, 적군
이 굶주리는 동안 병사들을 배불리 먹인다. 이것이 전력을 아
끼는 병법이다.

32. To refrain from intercepting an enemy whose banners
are in perfect order, to refrain from attacking an army drawn
up in calm and confident array: – this is the art of studying
circumstances.

깃발이 질서정연한 적군은 가로막지 않으며, 차분하고 당당하
게 대형을 갖춘 적군은 공격하지 않는다. 이것이 상황을 고려
한 병법이다.

33. It is a military axiom not to advance uphill against the
enemy, nor to oppose him when he comes downhill.

언덕 위에 있는 적을 향해 나아가지 않으며, 언덕을 내려오는
적군에게 맞서지 않는 것이 군사적 원칙이다.

34. Do not pursue an enemy who simulates flight; do not attack soldiers whose temper is keen.

달아나는 척하는 적군은 추격하지 않으며, 사기충천한 적군은 공격하지 않는다.

35. Do not swallow bait offered by the enemy. Do not interfere with an army that is returning home.

적군이 던진 미끼를 받아먹지 않으며, 귀국하는 군대는 차단하지 않는다.

36. When you surround an army, leave an outlet free. Do not press a desperate foe too hard.

적군을 포위해도 도망갈 곳을 남겨두고, 궁지에 몰린 적군을 너무 가혹하게 압박하지 않는다.

37. Such is the art of warfare.

이러한 것이 싸움의 방법이다.

CHAPTER 8
VARIATION IN TACTICS

전술의 변화

Ψ

1. Sun Tzu said: In war, the general receives his commands from the sovereign, collects his army and concentrates his forces.

손자가 말했다. 전쟁에서 장수는 군주로부터 지휘권을 받아 군대를 소집하고 병력을 집결시킨다.

2. When in difficult country, do not encamp. In country where high roads intersect, join hands with your allies. Do not linger in dangerously isolated positions. In hemmed-in situations, you must resort to stratagem. In desperate position, you must fight.

불리한 곳에는 주둔하지 않는다. 널찍한 도로가 교차하는 나라와는 동맹을 맺는다. 위험하게 고립된 장소에서는 오래 머

물지 않는다. 사방이 에워싸인 곳에서는 계책을 써야 한다. 절
망적인 곳에서는 맞서 싸워야 한다.

3. There are roads which must not be followed, armies which
must be not attacked, towns which must not be besieged,
positions which must not be contested, commands of the
sovereign which must not be obeyed.
가서는 안되는 길이 있으며, 공격해서는 안되는 적군이 있으
며, 점령해서는 안되는 성이 있으며, 차지하려고 다투어서는
안되는 지역이 있으며, 따르지 않아야 할 군주의 명령도 있다.

4. The general who thoroughly understands the advantages
that accompany variation of tactics knows how to handle his
troops.
다양한 전술에 수반되는 이점들을 완전히 이해하고 있는 장수
는 자기 군의 지휘법을 알고 있다고 할 수 있다.

5. The general who does not understand these, may be well acquainted with the configuration of the country, yet he will not be able to turn his knowledge to practical account.

이러한 것들을 이해하지 못하는 장수는 지형을 익숙하게 알고 있다 해도 그것의 실질적인 이익을 얻지 못할 것이다.

6. So, the student of war who is unversed in the art of war of varying his plans, even though he be acquainted with the Five Advantages, will fail to make the best use of his men.

그래서 자신의 계책을 변화시키는 병법에 밝지 못하다면, 비록 다섯 가지 이점을 익히 알고 있다 해도 군사를 제대로 활용할 수 없다.

7. Hence in the wise leader's plans, considerations of advantage and of disadvantage will be blended together.

그러므로 지혜로운 지휘자는 계획을 세우면서 이로움과 해로움을 동시에 고려한다.

8. If our expectation of advantage be tempered in this way, we may succeed in accomplishing the essential part of our schemes.

이런 방식으로 예상되는 이로움을 조절한다면, 계책의 가장 중요한 부분을 완성하게 될 것이다.

9. If, on the other hand, in the midst of difficulties we are always ready to seize an advantage, we may extricate ourselves from misfortune.

또한 해로운 것들 속에서 언제나 이로움을 차지할 준비가 되어 있다면, 스스로 곤경에서 벗어날 수 있을 것이다.

10. Reduce the hostile chiefs by inflicting damage on them; and make trouble for them, and keep them constantly engaged; hold out specious allurements, and make them rush to any given point.

피해를 입혀 적대적인 군주들을 제압하고, 소란을 일으켜 그들이 끊임없이 그 소란 속에 빠져 있도록 만들고, 허울만 좋은 이익을 제시하여 언제든 달려들도록 만들어야 한다.

11. The art of war teaches us to rely not on the likelihood of the enemy's not coming, but on our own readiness to receive him; not on the chance of his not attacking, but rather on the fact that we have made our position unassailable.

병법이란 적군이 오지 않을 가능성이 아니라 적군을 맞이할 대비책을 신뢰하는 것이다. 적군이 공격해오지 않을 가능성이 아니라 공격할 틈이 없는 태도를 갖추고 있다는 사실을 신뢰하는 것이다.

12. There are five dangerous faults which may affect a general: (1) Recklessness, which leads to destruction; (2) cowardice, which leads to capture; (3) a hasty temper, which can be provoked by insults; (4) a delicacy of honor which is sensitive to shame; (5) over-solicitude for his men, which exposes him to worry and trouble.

장수에게 악영향을 끼치는 다섯 가지 위험한 실책이 있다.

(1) 무모하면 파멸하게 될 것이며,

(2) 비겁하면 포로가 될 것이며,

(3) 성미가 급하면 모욕을 받아 흥분하게 될 수 있으며,

(4) 명성에 민감하면 치욕을 쉽게 느끼며,

(5) 지나치게 부하를 아끼면 걱정과 근심에 쉽게 빠진다.

13. These are the five besetting sins of a general, ruinous to the conduct of war.

이것이 전쟁의 지휘에 있어 파멸을 초래하는 장수의 다섯 가지 허물이다.

14. When an army is overthrown and its leader slain, the cause will surely be found among these five dangerous faults. Let them be a subject of meditation.

군대가 패망하고 장수가 살해된다면 그 원인은 분명 이 다섯 가지 허물 중에서 찾을 수 있다. 이 다섯 가지 허물을 깊이 생각해보아야 한다.

CHAPTER 9
THE ARMY ON THE MARCH

전략적 진지 구축

Ψ

1. Sun Tzu said: We come now to the question of encamping the army, and observing signs of the enemy. Pass quickly over mountains, and keep in the neighborhood of valleys.

손자가 말했다. 이제 군대를 주둔시키고 적국의 정세를 살피는 문제를 살펴보자. 산은 신속하게 넘어가야 하며 골짜기 근처를 따라 이동해야 한다.

2. Camp in high places, facing the sun. Do not climb heights in order to fight. So much for mountain warfare.

해를 마주보는 높은 지대에 주둔한다. 높은 곳으로 올라가면서 싸우면 안된다. 이것이 산악 전투의 원칙이다.

3. After crossing a river, you should get far away from it.
강을 건넌 후에는 강에서 멀리 떨어져야만 한다.

4. When an invading force crosses a river in its onward march, do not advance to meet it in mid-stream. It will be best to let half the army get across, and then deliver your attack.
침략하는 적군이 강을 건너 진격해 온다면, 물속에 있는 적을 맞서기 위해 나아가면 안된다. 적군이 반쯤 건너왔을 무렵에 공격하는 것이 유리하다.

5. If you are anxious to fight, you should not go to meet the invader near a river which he has to cross.
싸우고 싶다면, 적군이 건너야 하는 강 가까운 곳에서 맞이해서는 안된다.

6. Moor your craft higher up than the enemy, and facing the sun. Do not move up-stream to meet the enemy. So much for river warfare.

적군보다 높은 곳에 주둔하며 해를 마주보도록 한다. 적군을 맞이하기 위해 물길을 거슬러 올라가면 안된다. 이것이 강에서 하는 전투의 원칙이다.

7. In crossing salt-marshes, your sole concern should be to get over them quickly, without any delay.

늪지대를 지나갈 때는 조금도 지체하지 말고 오직 그곳을 빨리 벗어날 것만을 생각하라.

8. If forced to fight in a salt-marsh, you should have water and grass near you, and get your back to a clump of trees. So much for operations in salt-marches.

어쩔 수 없이 늪지대에서 싸우게 된다면 수초가 가까운 곳에서 숲을 등져야만 한다. 이것이 늪지대에서 펼치는 작전의 원칙이다.

9. In dry, level country, take up an easily accessible position with rising ground to your right and on your rear, so that the danger may be in front, and safety lie behind. So much for campaigning in flat country.

메마른 평지에서는 접근하기 쉬운 곳을 차지하고 오른쪽으로 높은 언덕을 등 뒤에 두면 앞에서 위험이 닥쳐올 때 안전하게 뒤로 물러설 수 있다. 이것이 평지에서 싸울 때의 원칙이다.

10. These are the four useful branches of military knowledge which enabled the Yellow Emperor to vanquish four several sovereigns.

이러한 네 가지 군사 지식으로 황제(黃帝)는 네 명의 군주를 이길 수 있었다.

11. All armies prefer high ground to low. and sunny places to dark.

모든 군대가 저지대보다 고지대를 더 좋아하며 음지보다 양지를 더 좋아한다.

12. If you are careful of your men, and camp on hard ground, the army will be free from disease of every kind, and this will spell victory.

병사들을 소중히 다루면서 견고한 지역에 주둔하면 군대는 그어떤 질병에도 걸리지 않으며 승리를 거두게 된다.

13. When you come to a hill or a bank, occupy the sunny side, with the slope on your right rear. Thus you will at once act for the benefit of your soldiers and utilize the natural advantages of the ground.

언덕이나 제방에 도착하면 볕이 드는 곳을 차지하고 오른쪽후방에 경사지를 두도록 한다. 그렇게 하면 즉시 병사들의 이익을 꾀하게 되고 지형의 이점을 활용하게 된다.

14. When, in consequence of heavy rains up-country, a river which you wish to ford is swollen and flecked with foam, you must wait until it subsides.

상류 지역에 내린 폭우로 건너야 할 강이 불어나 물거품이 생긴다면 그것이 가라앉을 때까지 기다려야만 한다.

15. Country in which there are precipitous cliffs with torrents running between, deep natural hollows, confined places, tangled thickets, quagmires and crevasses, should be left with all possible speed and not approached.

가파른 절벽 사이로 급류가 흐르고, 깊숙한 분지, 좁은 지역, 뒤엉킨 수풀, 진구렁과 땅이 갈라진 곳에서는 최대한 빠르게 벗어나고 가까이 접근해서는 안된다.

16. While we keep away from such places, we should get the enemy to approach them; while we face them, we should let the enemy have them on his rear.

우리는 이러한 지역들을 멀리 하되, 적은 가까이 다가가도록 만들고, 우리는 이러한 지역들을 마주보되, 적은 등지도록 만들어야 한다.

17. If in the neighborhood of your camp there should be any hilly country, ponds surrounded by aquatic grass, hollow basins filled with reeds, or woods with thick undergrowth, they must be carefully routed out and searched; for these are places where men in ambush or insidious spies are likely to be lurking.

주둔지 인근에 험준한 지역과 수초로 둘러싸인 늪, 갈대로 가득 찬 웅덩이 또는 초목이 빽빽한 숲이 있다면, 조심스럽게 나아가 수색해야 한다. 이런 곳에는 매복하거나 틈을 엿보는 첩자들이 숨어 있을 곳이기 때문이다.

18. When the enemy is close at hand and remains quiet, he is relying on the natural strength of his position.

적군이 가까운 곳에 조용히 머물고 있다면, 자신이 있는 곳의 자연적인 이점을 믿고 있는 것이다.

19. When he keeps aloof and tries to provoke a battle, he is anxious for the other side to advance.

적군이 멀리 떨어져 있으면서 싸움을 걸어오는 것은 우리가 다가오도록 하려는 것이다.

20. If his place of encampment is easy of access, he is tendering a bait.

접근하기 쉬운 곳에 적군의 주둔지가 있다면, 미끼를 내밀고 있는 것이다.

21. Movement amongst the trees of a forest shows that the enemy is advancing. The appearance of a number of screens in the midst of thick grass means that the enemy wants to make us suspicious.

숲에서 나무들이 움직인다는 것은 적군이 다가오고 있다는 것을 나타낸다. 빽빽한 수풀에 장애물이 많이 설치되어 있다는 것은 우리가 의심하도록 만들려는 것이다.

22.   The rising of birds in their flight is the sign of an ambuscade. Startled beasts indicate that a sudden attack is coming.

새들이 날아오르는 것은 복병이 있다는 것을 나타낸다. 짐승들이 놀라는 것은 갑작스러운 공격이 있을 것임을 가리킨다.

23.   When there is dust rising in a high column, it is the sign of chariots advancing; when the dust is low, but spread over a wide area, it betokens the approach of infantry. When it branches out in different directions, it shows that parties have been sent to collect firewood. A few clouds of dust moving to and fro signify that the army is encamping.

한줄기 먼지가 높게 일어나는 것은 전차가 다가오고 있다는 표시다. 먼지가 낮게 날리지만 넓은 지역에 퍼진다면 보병의 접근을 나타낸다. 먼지가 여러 방향으로 퍼지는 것은 땔감을 구할 병력을 보냈다는 것이다. 먼지가 이리저리 퍼지는 것은 야영 준비를 하고 있다는 것을 나타낸다.

24. Humble words and increased preparations are signs that the enemy is about to advance. Violent language and driving forward as if to the attack are signs that he will retreat.

공손한 언사를 쓰고 방비 태세가 늘어난다는 것은 적군이 진군 준비를 하고 있다는 것을 나타낸다. 적군이 거친 언사를 쓰며 마치 공격하려는 것처럼 전진 배치하는 것은 물러나려 한다는 신호다.

25. When the light chariots come out first and take up a position on the wings, it is a sign that the enemy is forming for battle.

가벼운 전차가 먼저 나와 측면에 자리를 잡는 것은 적군이 전투를 위한 대형을 갖추는 것이다.

26. Peace proposals unaccompanied by a sworn covenant indicate a plot.

명확한 서약도 없으면서 화친을 청하는 것은 음모가 있다는 것이다.

27. When there is much running about and the soldiers fall into rank, it means that the critical moment has come.

병사들이 분주히 뛰어다니고 대열을 갖춘다면 결정적인 순간 이 다가왔다는 것을 의미한다.

28. When some are seen advancing and some retreating, it is a lure.

일부는 전진하고 일부는 물러난다면, 유인하는 것이다.

29. When the soldiers stand leaning on their spears, they are faint from want of food.

병사들이 창에 기대 서 있다면, 식량 부족으로 지친 것이다.

30. If those who are sent to draw water begin by drinking themselves, the army is suffering from thirst.

물을 길어 오라고 보낸 병사가 먼저 물을 마신다면 그 부대는 갈증의 고통을 겪고 있는 것이다.

31. If the enemy sees an advantage to be gained and makes no effort to secure it, the soldiers are exhausted.

적군이 얻을 수 있는 이익을 보고도 차지하려 애쓰지 않는다면, 병사들이 지쳐 있는 것이다.

32. If birds gather on any spot, it is unoccupied. Clamor by night betokens nervousness.

만약 새들이 어떤 곳에 모인다면 그곳에 병력이 없다는 것이다. 적군이 밤에 소란을 피운다면 겁을 먹었다는 것이다.

33. If there is disturbance in the camp, the general's authority is weak. If the banners and flags are shifted about, sedition is afoot. If the officers are angry, it means that the men are weary.

주둔지가 소란하다면, 장수의 위엄이 미치지 않는 것이다. 만약 깃발들이 이리저리 움직인다면 혼란이 일어난 것이다. 지휘관들이 화를 낸다면, 병사들이 지쳐 있다는 것을 의미한다.

34. When an army feeds its horses with grain and kills its cattle for food, and when the men do not hang their cooking-pots over the camp fires, showing that they will not return to their tents, you may know that they are determined to fight to the death.

군대가 말에게 곡물을 먹이고 가축을 잡아먹는 것과 병사들이 요리 단지를 불 위에 올리지 않는 것은 막사로 돌아가지 않겠다는 것이므로 죽을 각오로 싸우기로 결정했다는 뜻이다.

35. The sight of men whispering together in small knots or speaking in subdued tones points to disaffection amongst the rank and file.

병사들이 모여 속삭이거나 나직하게 이야기를 한다는 것은 병사들 사이에 불만이 있다는 것이다.

36. Too frequent rewards signify that the enemy is at the end of his resources; too many punishments betray a condition of dire distress.

지나치게 자주 상을 내리는 것은 적군의 물자가 거의 없다는 것이며, 너무 많은 벌을 내리는 것은 극단적으로 곤궁한 상태를 드러내는 것이다.

37. To begin by bluster, but afterwards to take fright at the enemy's numbers, shows a supreme lack of intelligence.

처음에는 난폭하게 몰아치지만 나중에는 적군의 병력에 겁을 내는 것은 첩보가 전혀 없다는 것을 나타낸다.

38. When envoys are sent with compliments in their mouths, it is a sign that the enemy wishes for a truce.

사신을 보내 의례적인 인사를 하는 것은 적군이 휴전을 바라고 있다는 표시이다.

39. If the enemy's troops march up angrily and remain facing ours for a long time without either joining battle or taking themselves off again, the situation is one that demands great vigilance and circumspection.

적군의 병력이 성을 내며 진군해왔지만 교전하거나 물러나지 않고 오랫동안 대치하고 있다면, 신중히 경계해야 하는 상황이다.

40. If our troops are no more in number than the enemy, that is amply sufficient; it only means that no direct attack can be made. What we can do is simply to concentrate all our available strength, keep a close watch on the enemy, and obtain reinforcements.

아군의 병력이 적군보다 많지 않아도 충분히 감당할 수 있다. 그것은 단지 정면으로 공격할 수 없다는 의미일 뿐이다. 우리가 할 수 있는 것은 단지 가능한 병력을 모두 집중하고 적군을 면밀하게 살피는 것으로 전력을 더욱 강화하면 된다.

41. He who exercises no forethought but makes light of his opponents is sure to be captured by them.

사전에 아무런 대책도 세우지 않고 적군을 가볍게 여기는 자는 반드시 적에게 사로잡히게 될 것이다.

42. If soldiers are punished before they have grown attached to you, they will not prove submissive; and, unless submissive, then will be practically useless. If, when the soldiers have become attached to you, punishments are not enforced, they will still be useless.

병사들의 마음을 얻기도 전에 벌을 내리면 복종하지 않게 될 것이며, 복종하지 않는다면 사실상 아무런 쓸모도 없다. 병사들의 마음을 얻게 되었지만 벌을 주지 않는다면 그것 또한 쓸모가 없다.

43. Therefore soldiers must be treated in the first instance with humanity, but kept under control by means of iron discipline. This is a certain road to victory.

그러므로 무엇보다 먼저 병사들을 자애롭게 다루어야 하지만 엄격한 규율로 통제해야 한다. 이것이 승리를 이끄는 분명한 방법이다.

44. If in training soldiers commands are habitually enforced, the army will be well-disciplined; if not, its discipline will be bad.

병사들을 훈련시킬 때 명령이 잘 시행되고 있다면 규율이 잘 잡힌 부대가 되지만, 만약 평소에 명령이 시행되지 않는다면 규율이 나빠지게 된다.

45. If a general shows confidence in his men but always insists on his orders being obeyed, the gain will be mutual.

장수가 병사들을 신뢰하면서 언제나 명령에 복종할 것을 강조한다면 서로에게 이익이 된다.

CHAPTER 10
TERRAIN

땅과 하늘의 형세

Ψ

1. Sun Tzu said: We may distinguish six kinds of terrain, to wit: (1) Accessible ground; (2) entangling ground; (3) temporizing ground; (4) narrow passes; (5) precipitous heights; (6) positions at a great distance from the enemy.

손자가 말했다. 지형은 여섯 가지 종류로 구별한다.

(1) 접근하기 쉬운 곳(通)

(2) 뒤엉킨 곳(掛)

(3) 타협해야 하는 곳(支)

(4) 통로가 비좁은 곳(隘)

(5) 가파르고 높은 곳(險)

(6) 적군으로부터 아주 멀리 떨어진 곳(遠)

2. Ground which can be freely traversed by both sides is called ACCESSIBLE.

아군과 적군이 모두 자유롭게 넘나들 수 있는 곳을 '통형(通形)'
이라 한다.

3. With regard to ground of this nature, be before the enemy in occupying the raised and sunny spots, and carefully guard your line of supplies. Then you will be able to fight with advantage.

이러한 특징을 지닌 지형은 적군보다 먼저 높고 양지바른 곳
을 차지하여 식량 보급로를 신중하게 보호한다. 그러면 유리
하게 싸울 수 있게 된다.

4. Ground which can be abandoned but is hard to re-occupy is called ENTANGLING.

버리기 쉽지만 다시 차지하기 어려운 지형은 '괘형(掛形)'이라
고 한다.

5. From a position of this sort, if the enemy is unprepared, you may sally forth and defeat him. But if the enemy is prepared for your coming, and you fail to defeat him, then, return being impossible, disaster will ensue.

이런 종류의 위치에서는 적군이 준비되어 있지 않다면 진격해 나가 물리칠 수 있다. 하지만 적군이 준비되어 있다면 물리치지 못하고 돌아오는 것도 불가능해 큰 실패가 뒤따른다.

6. When the position is such that neither side will gain by making the first move, it is called TEMPORIZING ground.

아군이나 적군 모두 먼저 이동해서 이익을 얻지 못하는 곳을 '지형(支形)'이라고 한다.

7. In a position of this sort, even though the enemy should offer us an attractive bait, it will be advisable not to stir forth, but rather to retreat, thus enticing the enemy in his turn; then, when part of his army has come out, we may deliver our attack with advantage.

이런 종류의 지형에서는 적군이 미끼를 내밀어도, 섣불리 출격하지 말고 오히려 물러나 적군이 출격하도록 부추긴다. 그렇게 해서 적군의 일부가 나온다면 유리하게 공격을 펼칠 수 있다.

8. With regard to NARROW PASSES, if you can occupy them first, let them be strongly garrisoned and await the advent of the enemy.

통로가 비좁은 '애형(隘形)'에서는 만약 아군이 선점할 수 있다면 강하게 수비에 임하면서 적군을 기다려야 한다.

9. Should the army forestall you in occupying a pass, do not go after him if the pass is fully garrisoned, but only if it is weakly garrisoned.

적군이 통로를 먼저 차지한 경우, 충실하게 지키고 있다면 공격하지 말고 오직 허술하게 지키고 있을 때만 공격한다.

10. With regard to PRECIPITOUS HEIGHTS, if you are beforehand with your adversary, you should occupy the raised and sunny spots, and there wait for him to come up.

가파르고 높은 '험형(險形)'에서는 적보다 먼저 도착했을 경우, 반드시 높고 양지 바른 곳을 차지하고 적군이 오기를 기다려야 한다.

11. If the enemy has occupied them before you, do not follow him, but retreat and try to entice him away.

만약 적군이 먼저 차지했다면, 따라 가지 말고 물러나 떠나도록 유인한다.

12. If you are situated at a great distance from the enemy, and the strength of the two armies is equal, it is not easy to provoke a battle, and fighting will be to your disadvantage.

적으로부터 아주 멀리 떨어진 곳에 있는데 아군과 적군의 군 사력이 비슷하다면, 싸움을 걸기 어려우며 싸워도 불리하다.

13. These six are the principles connected with Earth. The general who has attained a responsible post must be careful to study them.

이러한 여섯 가지 원칙은 지형과 관계된 것이다. 책임이 무거 운 장수는 이것을 주의 깊게 연구해야 한다.

14. Now an army is exposed to six several calamities, not arising from natural causes, but from faults for which the general is responsible. These are: (1) Flight; (2) insubordination; (3) collapse; (4) ruin; (5) disorganization; (6) rout.

군대는 자연적인 원인이 아니라 책임이 있는 장수의 잘못에서 비롯된 여섯 가지 재난을 겪을 수 있다. (1) 도주 (2) 반항 (3) 와해 (4) 몰락 (5) 무질서 (6) 패주

15. Other conditions being equal, if one force is hurled against another ten times its size, the result will be the FLIGHT of the former.

다른 조건들은 동등하지만, 열 배나 더 많은 병력과 맞선다면 그 결과로 병사들이 '도주'할 것이다.

16. When the common soldiers are too strong and their officers too weak, the result is INSUBORDINATION. When the officers are too strong and the common soldiers too weak, the result is COLLAPSE.

일반 병사들은 지극히 강하지만 지휘관이 너무 약하다면, 그 결과는 '불복종'으로 나타난다. 지휘관이 너무 강하고 일반 병사는 너무 약하다면, 그 결과는 군대의 '붕괴'로 나타난다.

17. When the higher officers are angry and insubordinate, and on meeting the enemy give battle on their own account from a feeling of resentment, before the commander-in-chief can tell whether or no he is in a position to fight, the result is RUIN.

고위 장교가 화가 나 장수의 명령에 따르지 않고, 적을 만나게 되어 장수가 명령을 내리기도 전에 분노의 감정에 따라 제멋대로 싸우면 그 결과는 군대의 '몰락'으로 나타난다.

18. When the general is weak and without authority; when his orders are not clear and distinct; when there are no fixes duties assigned to officers and men, and the ranks are formed in a slovenly haphazard manner, the result is utter DISORGANIZATION.

장수가 나약하고 권위가 없으며, 명령이 명확하지 않으며, 지휘관과 병사에게 부여된 임무가 없으며 부대의 체계가 제멋대로 이루어져 있다면, 그 결과는 완전한 '무질서'로 나타난다. 이런 군대를 난병(亂兵)이라고 한다.

19. When a general, unable to estimate the enemy's strength, allows an inferior force to engage a larger one, or hurls a weak detachment against a powerful one, and neglects to place picked soldiers in the front rank, the result must be ROUT.

장수가 적군의 전투력을 판단할 수 없어 소병력으로 대병력에 맞서게 하거나 약한 부대로 강한 부대를 공격하도록 하며, 정예병을 앞에 내세우지 못한다면 그 결과는 '패주'로 나타난다. 이런 군대를 배병이라고 한다.

20. These are six ways of courting defeat, which must be carefully noted by the general who has attained a responsible post.

이 여섯 가지는 패배를 자초하는 방법이니 책임이 무거운 지위에 있는 장수는 세심하게 주의해야만 한다.

21. The natural formation of the country is the soldier's best ally; but a power of estimating the adversary, of controlling the forces of victory, and of shrewdly calculating difficulties, dangers and distances, constitutes the test of a great general.

지역의 자연 형태는 병사에게 최고의 도움이 되지만 적의 전력을 파악하고, 병력을 통솔하며, 곤경과 위험 그리고 거리를 날카롭게 판단하는 것은 뛰어난 장수의 평가 기준이 된다.

22. He who knows these things, and in fighting puts his knowledge into practice, will win his battles. He who knows them not, nor practices them, will surely be defeated.

이러한 것들을 아는 자와 자신의 지식을 실천에 옮기는 자는

전투에서 이길 것이다. 이것들을 모르고 실천하지 못하는 자
는 반드시 패배하게 된다.

23. If fighting is sure to result in victory, then you must
fight, even though the ruler forbid it; if fighting will not result
in victory, then you must not fight even at the ruler's bidding.
전투가 승리로 끝날 것이 확실하다면 군주가 허락하지 않아도
싸워야만 하며, 승리로 끝나지 않을 것이라면 군주의 명령이
있다 해도 싸워서는 안된다.

24. The general who advances without coveting fame and
retreats without fearing disgrace, whose only thought is to
protect his country and do good service for his sovereign, is
the jewel of the kingdom.
명성을 탐하지 않으면서 진격하고, 치욕을 겁내지 않고 물러
나는 장수는 오직 자신의 나라를 보호하고 군주를 섬기므로
나라의 보배이다.

25. Regard your soldiers as your children, and they will follow you into the deepest valleys; look upon them as your own beloved sons, and they will stand by you even unto death.

갓난아기처럼 애정을 갖고 병사들을 대한다면 그들은 깊은 골짜기도 따라오게 된다. 병사들을 사랑하는 자식처럼 돌보면 죽을 때에도 곁을 지켜준다.

26. If, however, you are indulgent, but unable to make your authority felt; kind-hearted, but unable to enforce your commands; and incapable, moreover, of quelling disorder: then your soldiers must be likened to spoilt children; they are useless for any practical purpose.

하지만 관대하게 대하지만 권위를 인정받지 못하고, 자비롭게 대하지만 명령을 따르게 할 수 없으며, 게다가 무질서를 억누르지 못한다면, 병사들은 마치 버릇없이 자란 자식과 같아진다. 그래서 병사들은 아무런 쓸모도 없게 된다.

27.   If we know that our own men are in a condition to attack, but are unaware that the enemy is not open to attack, we have gone only halfway towards victory.

우리 병사가 공격할 수 있는 상태라는 것은 알지만 적군이 공격하기 쉬운 상태가 아니라는 것을 모른다면, 승리에 반만 다가선 것이다.

28.   If we know that the enemy is open to attack, but are unaware that our own men are not in a condition to attack, we have gone only halfway towards victory.

적군이 공격하기 쉬운 상태라는 것은 알지만 아군이 공격할 상태가 아니라는 것을 모른다면, 승리에 오직 반 정도만 다가선 것이다.

29.   If we know that the enemy is open to attack, and also know that our men are in a condition to attack, but are unaware that the nature of the ground makes fighting impracticable, we have still gone only halfway towards victory.
적군이 공격할 만한 상태라는 것을 알고 아군이 공격할 수 있는 상태라는 것도 알지만, 지형의 특성이 전투를 벌이기 어렵다는 것을 모른다면, 여전히 승리에 반만 다가선 것이다.

30.   Hence the experienced soldier, once in motion, is never bewildered; once he has broken camp, he is never at a loss.
그러므로 능숙한 장수는 일단 이동하면 절대로 당황하지 않으며, 일단 주둔지를 벗어나면 절대로 쩔쩔매지 않는다.

31. Hence the saying: If you know the enemy and know yourself, your victory will not stand in doubt; if you know Heaven and know Earth, you may make your victory complete.

그러므로 손자는 말한다. 만약 "적을 알고 나를 안다면, 승리는 의심스럽지 않을 것이요, 하늘을 알고 땅을 안다면, 완전한 승리를 거둘 수 있다."

CHAPTER 11
THE NINE SITUATIONS

아홉 가지 상황

Ψ

1. Sun Tzu said: The art of war recognizes nine varieties of ground: (1) Dispersive ground; (2) facile ground; (3) contentious ground; (4) open ground; (5) ground of intersecting highways; (6) serious ground; (7) difficult ground; (8) hemmed-in ground; (9) desperate ground.

손자가 말했다. 병법에서는 아홉 가지 지형을 구별한다.

(1) 분산하기 쉬운 지형(散地)

(2) 손쉬운 지형(輕地)

(3) 싸우기 좋은 지형(爭地)

(4) 훤히 트인 지형(交地)

(5) 큰길이 교차하는 지형(衢地)

(6) 용이하지 않은 지형(重地)

(7) 힘드는 지형(圮地)

(8) 에워싸인 지형(圍地)

(9) 가망이 없는 지형(死地)

2. When a chieftain is fighting in his own territory, it is dispersive ground.
제후가 자신의 영토에서 싸우는 것은 산지(散地)라고 한다.

3. When he has penetrated into hostile territory, but to no great distance, it is facile ground.
적의 영토로 침입해 들어갔지만 아주 멀리 가지 않았다면 경지(輕地)라고 한다.

4. Ground the possession of which imports great advantage to either side, is contentious ground.
차지한다면 아군이나 적군에게 모두 커다란 이익이 되는 곳은 쟁지(爭地)라고 한다.

5.   Ground on which each side has liberty of movement is open ground.

아군과 적군이 모두 자유롭게 이동하는 곳은 교지(交地)라고 한다.

6.   Ground which forms the key to three contiguous states, so that he who occupies it first has most of the Empire at his command, is a ground of intersecting highways.

인접한 세 나라의 관문이 되는 땅이어서 먼저 차지하는 자가 제국의 대부분을 다스리게 되는 곳은 구지(衢地)라고 한다.

7.   When an army has penetrated into the heart of a hostile country, leaving a number of fortified cities in its rear, it is serious ground.

군대가 적국의 심장부로 침투하여 성읍들이 후방에 있다면 중지(重地)라고 한다.

8. Mountain forests, rugged steeps, marshes and fens---all country that is hard to traverse: this is difficult ground.

산림이 우거지고, 위험하게 가파르며, 습지가 있어 가로지르기 어려운 땅은 모두 비지(圮地)라고 한다.

9. Ground which is reached through narrow gorges, and from which we can only retire by tortuous paths, so that a small number of the enemy would suffice to crush a large body of our men: this is hemmed in ground.

좁은 골짜기를 지나야 하며 오직 우회로만을 이용해 빠져나올 수 있어서 적군이 소병력으로 아군의 대병력을 충분히 분쇄할 수 있는 곳은 위지(圍地)라고 한다.

10. Ground on which we can only be saved from destruction by fighting without delay, is desperate ground.

지체 없이 싸워야만 파멸을 면할 수 있는 곳은 사지(死地)라고 한다.

11. On dispersive ground, therefore, fight not. On facile ground, halt not. On contentious ground, attack not.

그러므로 산지에서는 싸우지 말아야 하며, 경지에서는 멈추지 말아야 하며, 쟁지에서는 공격하지 말아야 한다.

12. On open ground, do not try to block the enemy's way. On the ground of intersecting highways, join hands with your allies.

교지에서는 적군의 도로를 막으려 하지 않아야 하며, 구지에서는 동맹국과 힘을 합쳐야 한다.

13. On serious ground, gather in plunder. In difficult ground, keep steadily on the march.

중지에서는 약탈해 거두어들이고, 비지에서는 계속해서 행군해 나아가야 한다.

14. On hemmed-in ground, resort to stratagem. On desperate ground, fight.

위지에서는 계략을 써야 하며, 사지에서는 싸워야 한다.

15. Those who were called skillful leaders of old knew how to drive a wedge between the enemy's front and rear; to prevent co-operation between his large and small divisions; to hinder the good troops from rescuing the bad, the officers from rallying their men.

뛰어난 옛 장수들은 적군의 전후방 부대를 떼어놓는 방법을 알고 있었다. 대부대와 소부대 사이의 공동작전을 막고, 곤경에 빠진 부대를 정예부대가 구하지 못하게 방해하며, 지휘관들이 병사들을 다시 모으지 못하게 한다.

16. When the enemy's men were united, they managed to keep them in disorder.

적군의 병사들이 모였을 때, 혼란에 빠져 있도록 만들었다.

17. When it was to their advantage, they made a forward move; when otherwise, they stopped still.

유리하면 앞으로 나아가고, 그렇지 않다면 정지해 머물렀다.

18. If asked how to cope with a great host of the enemy in orderly array and on the point of marching to the attack, I should say: "Begin by seizing something which your opponent holds dear; then he will be amenable to your will."

질서정연하게 공격해오고 있는 적군의 대부대를 어떻게 상대할 것인가를 묻는다면, 나는 이렇게 대답한다. "먼저 적군이 소중하게 간직하고 있는 것을 차지하면, 아군의 의도대로 할 수 있다."

19. Rapidity is the essence of war: take advantage of the enemy's unreadiness, make your way by unexpected routes, and attack unguarded spots.

전쟁의 핵심은 신속함이다. 적군이 준비되지 않은 것을 이용해, 예상하지 못한 통로로 나아가 방어가 없는 곳을 공격한다.

20. The following are the principles to be observed by an invading force: The further you penetrate into a country, the greater will be the solidarity of your troops, and thus the defenders will not prevail against you.

다음은 침략하는 군대가 지켜야 할 원칙들이다. 적의 영토 안으로 더욱 깊숙이 들어갈수록 부대는 더욱 강하게 결속하게 되므로 방어하는 군대는 아군을 이길 수 없다.

21. Make forays in fertile country in order to supply your army with food.

군대에 식량을 공급하기 위해선 비옥한 지역에서 약탈을 해야 한다.

22. Carefully study the well-being of your men, and do not overtax them. Concentrate your energy and hoard your strength. Keep your army continually on the move, and devise unfathomable plans.

병사들의 평안함을 세심하게 검토하여 무리하지 않도록 해야 한다. 기세를 집중시키고 힘을 축적해둔다. 군대를 지속적으로 이동시키고 적이 알아차릴 수 없는 계책을 궁리한다.

23. Throw your soldiers into positions whence there is no escape, and they will prefer death to flight. If they will face death, there is nothing they may not achieve. Officers and men alike will put forth their uttermost strength.

병사들을 도망칠 수 없는 곳에 투입해 놓으면, 죽을지언정 달아나지는 않을 것이다. 지휘관과 병사들은 모두 죽기 살기로 싸울 것이다.

24. Soldiers when in desperate straits lose the sense of fear. If there is no place of refuge, they will stand firm. If they are in hostile country, they will show a stubborn front. If there is no help for it, they will fight hard.

위험한 상황에 빠져든 병사들은 두려움을 느끼지 않게 된다. 도피할 곳이 없다면 병사들은 단단히 결속하게 된다. 적국 안에 들어가게 되면 병사들은 완강한 태도를 갖게 된다. 아무런 도움도 없다면 병사들은 맹렬히 싸우게 된다.

25. Thus, without waiting to be marshaled, the soldiers will be constantly on the qui vive; without waiting to be asked, they will do your will; without restrictions, they will be faithful; without giving orders, they can be trusted.

그러므로 병사들은 설명하지 않아도 줄곧 경계를 하게 되며, 요구하지 않아도 따르게 될 것이며, 단속하지 않아도 믿을 수 있게 될 것이며, 명령하지 않아도 믿고 맡길 수 있게 된다.

26. Prohibit the taking of omens, and do away with superstitious doubts. Then, until death itself comes, no calamity need be feared.

앞날에 대한 불길한 예언을 금하고 미신적인 의심을 버리도록 해야 한다. 그렇게 하면 죽음이 닥쳐올 때까지 재난을 두려워할 필요가 없다.

27. If our soldiers are not overburdened with money, it is not because they have a distaste for riches; if their lives are not unduly long, it is not because they are disinclined to longevity.

우리 병사들에게 재물이 적은 것은 그들이 재물을 싫어해서가 아니며, 오래 살지 못하는 것은 그들이 오래 사는 것을 싫어해서가 아니다.

28. On the day they are ordered out to battle, your soldiers may weep, those sitting up bedewing their garments, and those lying down letting the tears run down their cheeks. But let them once be brought to bay, and they will display the courage of a Chu or a Kuei.

전투에 나가라는 명령이 떨어지는 날, 병사들은 눈물을 흘릴 것이다. 앉아 있는 병사는 옷깃을 적실 것이며, 누워 있는 병사의 뺨에는 눈물이 흐를 것이다. 하지만 일단 궁지에 몰리게 되면 전제(專諸)*와 조귀(曹劌)**의 용맹함을 보여 줄 것이다.

*전제(專諸): 오나라의 왕 요를 시해하여, 합려가 왕위에 오를 수 있도록 한 자객.
**조귀(曹劌): 춘추시대 노나라 사람. 제나라의 환공을 위협하여 빼앗긴 노나라 땅을 되찾는 데 공을 세웠다.

29. The skillful tactician may be likened to the SHUAI-JAN. Now the SHUAI-JAN is a snake that is found in the Ch`ang mountains. Strike at its head, and you will be attacked by its tail; strike at its tail, and you will be attacked by its head; strike at its middle, and you will be attacked by head and tail both.

뛰어난 책략가는 솔연(率然)에 비유될 수 있다. 솔연은 상산에서 발견된 뱀이다. 머리를 때리면 즉시 꼬리로 공격해오고, 꼬리를 때리면 즉시 머리로 공격해오며, 몸통을 때리면 머리와 꼬리로 동시에 공격해올 것이다.

30. Asked if an army can be made to imitate the SHUAI-JAN, I should answer, Yes. For the men of Wu and the men of Yueh are enemies; yet if they are crossing a river in the same boat and are caught by a storm, they will come to each other's assistance just as the left hand helps the right.

만약 군대도 솔연을 모방하도록 만들 수 있는지를 묻는다면 나는 그렇다고 대답할 것이다. 오나라 사람과 월나라 사람은 서로 적이었지만, 같은 배를 타고 강을 건너다 풍랑을 만나자 왼손으로 오른손을 돕는 것처럼 서로를 돕게 되었다.

31. Hence it is not enough to put one's trust in the tethering of horses, and the burying of chariot wheels in the ground
그러므로 말을 묶어놓고 마차 바퀴를 땅 속에 묻어두는 것만 으로는 신뢰하기에 충분하지 않다.

32. The principle on which to manage an army is to set up one standard of courage which all must reach.
군대를 하나의 용맹한 모범으로 만들도록 관리하는 것이 모두 가 도달해야 할 목표다.

33. How to make the best of both strong and weak-that is a question involving the proper use of ground.
어떻게 하면 강하거나 약한 것 모두 최대한 활용하는 것일까. 이것이 지형의 적절한 활용에 포함되어 있는 질문이다.

34. Thus the skillful general conducts his army just as though he were leading a single man, willy-nilly, by the hand.

그러므로 뛰어난 장수는 자신의 군대를 마치 다짜고짜 한 사람의 손을 잡고 지휘하는 것처럼 하게 된다.

35. It is the business of a general to be quiet and thus ensure secrecy; upright and just, and thus maintain order.

조용하게 진행하여 기밀을 지키며 강직하고 공정하게 처리하여 규율을 유지하는 것이 장수가 하는 일이다.

36. He must be able to mystify his officers and men by false reports and appearances, and thus keep them in total ignorance.

거짓 작전과 계략으로 지휘관과 병사들을 미혹시켜 전혀 알아차리지 못하게 할 수 있어야 한다.

37.　By altering his arrangements and changing his plans, he keeps the enemy without definite knowledge. By shifting his camp and taking circuitous routes, he prevents the enemy from anticipating his purpose.

배치를 바꾸고 계획을 변경시켜 적군이 전혀 알지 못하도록 만들어야 한다. 주둔지를 옮기고 우회로를 선택해 적군이 아군의 목표를 예측하지 못하도록 만들어야 한다.

38.　At the critical moment, the leader of an army acts like one who has climbed up a height and then kicks away the ladder behind him. He carries his men deep into hostile territory before he shows his hand.

결전의 순간에 장수는 높은 곳에 올라가 사다리를 차버리는 것과 같이 행동한다. 자신의 생각을 밝히기 전에 병사들을 적군의 영토 깊숙이 이끌고 간다.

39. He burns his boats and breaks his cooking-pots; like a shepherd driving a flock of sheep, he drives his men this way and that, and nothing knows whither he is going.

배를 불태우고 솥을 부수어, 양떼를 모는 양치기처럼 병사들을 몰고 가서 어느 곳으로 가고 있는지 모르게 한다.

40. To muster his host and bring it into danger:— this may be termed the business of the general.

전병력을 모아 위험한 곳으로 끌고 가는 것은 장수의 임무라고 할 수 있다.

41. The different measures suited to the nine varieties of ground; the expediency of aggressive or defensive tactics; and the fundamental laws of human nature: these are things that must most certainly be studied.

아홉 가지 지형에 적합한 다양한 방책, 공격이나 방어 전술의 이해득실, 인간적인 특성의 기본적인 법칙, 이러한 것들이 가장 확실하게 연구되어야 한다.

42. When invading hostile territory, the general principle is, that penetrating deeply brings cohesion; penetrating but a short way means dispersion.

적군의 영토를 침략할 때, 일반적인 원칙은 깊숙이 침입하면 단결하지만 얕게 침입하면 분산된다는 것이다.

43. When you leave your own country behind, and take your army across neighborhood territory, you find yourself on critical ground. When there are means of communication on all four sides, the ground is one of intersecting highways.

자기 나라를 떠나 군대를 이웃 나라의 영토로 끌고 가면 위험한 지역에 들어섰다는 것이다(絕地). 사방으로 연락할 수단이 있다면, 그곳은 큰길이 교차하는 곳들 중의 한 곳이다(衢地).

44. When you penetrate deeply into a country, it is serious ground. When you penetrate but a little way, it is facile ground.

그 영토 속으로 깊숙이 들어갔다면 용이치 않은 곳이다(重地). 얕게 들어갔다면 용이한 지역이다(輕地).

45. When you have the enemy's strongholds on your rear, and narrow passes in front, it is hemmed-in ground. When there is no place of refuge at all, it is desperate ground.

배후에 적군의 성채가 있고 전방에는 좁은 통로가 있다면, 에 워싸인 곳이다(圍地). 피신할 곳이 전혀 없는 곳은 절망적인 곳 이다(死地).

46. Therefore, on dispersive ground, I would inspire my men with unity of purpose. On facile ground, I would see that there is close connection between all parts of my army.

그러므로 분산하기 쉬운 산지(散地)에서는 병사들을 하나의 목 표로 결집시키도록 한다. 용이한 지역인 경지(輕地)에서는 모든 부대 사이를 긴밀하게 연결시킨다.

47. On contentious ground, I would hurry up my rear.

싸우기 좋은 쟁지(爭地)에서는 후방의 병사들을 재촉한다.

48. On open ground, I would keep a vigilant eye on my defenses. On ground of intersecting highways, I would consolidate my alliances.

훤히 트인 교지(交地)에서는 방심하지 않고 방어한다. 큰길이 교차하는 곳인 구지(衢地)에서는 동맹을 강화할 것이다.

49. On serious ground, I would try to ensure a continuous stream of supplies. On difficult ground, I would keep pushing on along the road.

용이치 않은 중지(重地)에서는 보급품의 지속적인 공급을 확실하게 한다. 까다로운 비지(圮地)에서는 도로를 따라 급히 나아갈 것이다.

50. On hemmed-in ground, I would block any way of retreat. On desperate ground, I would proclaim to my soldiers the hopelessness of saving their lives.

둘러싸인 위지(圍地)에서는 퇴로를 모두 막을 것이다. 절망적인 사지(死地)에서는 병사들에게 목숨을 지킬 가능성이 없다고 분명히 선포할 것이다.

51. For it is the soldier's disposition to offer an obstinate resistance when surrounded, to fight hard when he cannot help himself, and to obey promptly when he has fallen into danger.

포위되어 있을 때는 완강하게 저항하고, 도움을 받을 수 없을 때는 맹렬하게 싸우며 위험에 빠지게 되면 즉시 명령에 따르는 것이 병사들의 기질이기 때문이다.

52. We cannot enter into alliance with neighboring princes until we are acquainted with their designs. We are not fit to lead an army on the march unless we are familiar with the face of the country---its mountains and forests, its pitfalls and precipices, its marshes and swamps. We shall be unable to turn natural advantages to account unless we make use of local guides.

속마음을 잘 알게 될 때까지는 이웃 나라의 제후들과 동맹을 맺을 수 없다. 그 지역의 산과 숲, 위험한 지역과 벼랑, 늪지대 등을 잘 알고 있지 못하다면 행군하는 것은 온당치 못하다. 그 지역의 안내인을 활용하지 못한다면 자연적인 이로움을 파악할 수 없다.

53. To be ignored of any one of the following four or five principles does not befit a warlike prince.

이런 4~5가지 원칙들 중 하나라도 모른다면 패왕의 군대라고 할 수 없다.

54. When a warlike prince attacks a powerful state, his generalship shows itself in preventing the concentration of the enemy's forces. He overawes his opponents, and their allies are prevented from joining against him.

패왕의 군대가 강한 나라를 공격한다면 그 지휘 솜씨는 적군의 집중을 막는 것으로 나타난다. 적군이 두려움을 느끼도록 만들고, 적군의 동맹국들이 연합해 맞서지 못하도록 한다.

55. Hence he does not strive to ally himself with all and sundry, nor does he foster the power of other states. He carries out his own secret designs, keeping his antagonists in awe. Thus he is able to capture their cities and overthrow their kingdoms.

그러므로 패왕은 모든 나라와 동맹을 맺으려 애쓰지 않으며, 다른 나라들의 국력이 강해지도록 조장하지 않는다. 자신만의 계획을 은밀하게 진행시켜 경쟁자들이 두려움에 싸여 있도록 한다. 그래서 그는 그들의 성을 빼앗고 그들의 제국을 전복시킬 수 있는 것이다.

56. Bestow rewards without regard to rule, issue orders without regard to previous arrangements; and you will be able to handle a whole army as though you had to do with but a single man.

규정과 관계없이 상을 주고, 옛 제도에 개의치 않고 명령을 내리면 마치 한 사람을 다루듯이 전군을 통솔할 수 있게 된다.

57. Confront your soldiers with the deed itself; never let them know your design. When the outlook is bright, bring it before their eyes; but tell them nothing when the situation is gloomy.

병사들에게는 임무만을 부여하고, 계책을 알도록 해서는 안된다. 전망이 밝을 때는 병사들에게 알려주지만 상황이 비관적일 때는 말해주지 않는다.

58. Place your army in deadly peril, and it will survive; plunge it into desperate straits, and it will come off in safety.
군대를 치명적인 위험 속에 놓아두면 살아남을 것이며, 사지로 밀어넣으면 무사하게 벗어날 것이다.

59. For it is precisely when a force has fallen into harm's way that is capable of striking a blow for victory.
병사들은 위험한 상황에 빠지면 틀림없이 승리를 위해 싸울 수 있기 때문이다.

60. Success in warfare is gained by carefully accommodating ourselves to the enemy's purpose.
전쟁에서 승리는 적의 의도에 조심스럽게 적응하는 것으로 얻어진다.

61. By persistently hanging on the enemy's flank, we shall succeed in the long run in killing the commander-in-chief.

끈질기게 적군의 측면을 지키며 나아간다면 결국에는 적장을 죽일 수 있게 될 것이다.

62. This is called ability to accomplish a thing by sheer cunning.

이것을 교묘하게 성취하는 능력이라 부른다.

63. On the day that you take up your command, block the frontier passes, destroy the official tallies, and stop the passage of all emissaries.

전쟁 개시 명령을 내리는 날 국경의 관문을 막고, 통행증을 폐기하며 모든 사신의 통행을 금지한다.

64. Be stern in the council-chamber, so that you may control the situation.

조정에서 단호한 태도를 취해 상황을 통제할 수 있도록 한다.

65. If the enemy leaves a door open, you must rush in.

적군이 관문을 열어 두었으면, 빠르게 공격해 들어가야 한다.

66. Forestall your opponent by seizing what he holds dear, and subtly contrive to time his arrival on the ground.

적군이 아끼는 곳을 미리 점령한 후 은밀하게 적군이 그곳에 도착하는 시기에 맞춘다.

67. Walk in the path defined by rule, and accommodate yourself to the enemy until you can fight a decisive battle.

규정에 정해진 방침에 따라 결전을 치를 수 있을 때까지 적의 상황에 맞춰 이동한다.

68. At first, then, exhibit the coyness of a maiden, until the enemy gives you an opening; afterwards emulate the rapidity of a running hare, and it will be too late for the enemy to oppose you.

그렇게 하여 처음에는 적이 틈을 보일 때까지 소녀처럼 조심스러운 태도를 보인다. 그 후 달리는 토끼처럼 신속하게 뛰어나가면 적의 입장에서는 반격하기에 너무 늦게 될 것이다.

CHAPTER 12
THE ATTACK BY FIRE

불을 이용한 공격

Ψ

1. Sun Tzu said: There are five ways of attacking with fire.
The first is to burn soldiers in their camp; the second is to
burn stores; the third is to burn baggage trains; the fourth is to
burn arsenals and magazines; the fifth is to hurl dropping fire
amongst the enemy.

손자가 말했다. 불로 공격하는(火攻) 다섯 가지 방법이 있다.

첫째는 주둔지에 있는 적병을 불태우는 것이다.

둘째는 군수물자를 불태우는 것이다.

셋째는 물자를 수송하는 행렬을 태우는 것이다.

넷째는 병기고와 물자 저장고를 불태우는 것이다.

다섯째는 적군 한가운데로 불을 퍼붓는 것이다.

2. In order to carry out an attack, we must have means available. the material for raising fire should always be kept in readiness.

화공을 실행하기 위한 유용한 수단을 갖춰놓고 있어야 한다. 불을 붙일 도구는 언제나 준비되어 있어야 한다.

3. There is a proper season for making attacks with fire, and special days for starting a conflagration.

불로 공격하는 적절한 시기가 있으며, 큰불을 일으키기 위한 특별한 날들이 있다.

4. The proper season is when the weather is very dry; the special days are those when the moon is in the constellations of the Sieve, the Wall, the Wing or the Cross-bar; for these four are all days of rising wind.

날씨가 매우 건조할 때가 적절한 시기이다. 특별한 날들은 달의 운행이 기(箕), 벽(壁), 익(翼), 진(軫)에 있는 날이다. 이 네 별자리에 있는 날에는 바람이 일어나기 때문이다.

5. In attacking with fire, one should be prepared to meet five possible developments:

불로 공격하면서 일어날 수 있는 다섯 가지 변화에 준비가 되어 있어야 한다.

6. (1) When fire breaks out inside to enemy's camp, respond at once with an attack from without.

(1) 적의 주둔지 안쪽에서 불이 일어나면 즉시 밖에서 호응하여 공격한다.

7. (2) If there is an outbreak of fire, but the enemy's soldiers remain quiet, bide your time and do not attack.

(2) 불이 일어났지만 적군 병사들이 조용하다면 공격하지 말고 기다린다.

8. (3) When the force of the flames has reached its height, follow it up with an attack, if that is practicable; if not, stay where you are.

(3) 불꽃이 가장 높게 타오를 때 실행할 수 있다면 즉시 공격하고 그렇지 않다면 제자리에 머물러 있어야 한다.

9. (4) If it is possible to make an assault with fire from without, do not wait for it to break out within, but deliver your attack at a favorable moment.

(4) 밖에서 불을 이용해 공격할 수 있다면 안에서 불이 나기를 기다리지 말고 알맞은 순간에 공격한다.

10. (5) When you start a fire, be to windward of it. Do not attack from the leeward.

(5) 불을 피울 때는 바람이 부는 방향으로 향하게 한다. 바람을 안고 공격해서는 안된다.

11. A wind that rises in the daytime lasts long, but a night breeze soon falls.

낮에 일어난 바람은 오래 불지만 밤바람은 곧 잦아든다.

12. In every army, the five developments connected with fire must be known, the movements of the stars calculated, and a watch kept for the proper days.

모든 군이 불과 관련된 다섯 가지 변화를 알고 있어야만 하며, 별자리를 계산하여 적절한 날들을 기다려야 한다.

13. Hence those who use fire as an aid to the attack show intelligence; those who use water as an aid to the attack gain an accession of strength.

그러므로 공격을 돕기 위해 불을 이용하려면 총명해야 하며, 물을 이용하려면 전력이 강해야 한다.

14. By means of water, an enemy may be intercepted, but not robbed of all his belongings.

물을 이용한다면 적을 차단할 수는 있지만 그들의 전력을 모두 빼앗을 수는 없다.

15. Unhappy is the fate of one who tries to win his battles and succeed in his attacks without cultivating the spirit of enterprise; for the result is waste of time and general stagnation.

전투에서 이겨 공격에 성공했지만 진취적인 기상을 높이지 못한다면 최종적인 결과는 좋지 않은 것이다. 시간의 낭비이며 전반적으로 침체될 것이기 때문이다.

16. Hence the saying: The enlightened ruler lays his plans well ahead; the good general cultivates his resources.

그러므로 옛말에 이르기를, 현명한 통치자는 앞날을 미리 내다보고 계획을 수립하며, 훌륭한 장수는 자신의 방책을 계발한다.

17. Move not unless you see an advantage; use not your troops unless there is something to be gained; fight not unless the position is critical.

이익이 없다면 움직이지 않으며, 얻을 것이 없다면 군대를 운용하지 않으며, 위태롭지 않다면 싸우지 않는다.

18. No ruler should put troops into the field merely to gratify his own spleen; no general should fight a battle simply out of pique.

군주는 단순히 자신의 울화를 풀기 위해 군사를 일으켜선 안 되며, 장수는 성이 난다고 전투를 해서는 안 된다.

19. If it is to your advantage, make a forward move; if not, stay where you are.

이익이 된다면 앞으로 전진하고, 그렇지 않다면 그 자리에 머물러야 한다.

20. Anger may in time change to gladness; vexation may be succeeded by content.

분노는 때가 되면 즐거움으로 변하며, 고민거리는 만족스럽게 해결될 수도 있다.

21. But a kingdom that has once been destroyed can never come again into being; nor can the dead ever be brought back to life.

그러나 한번 멸망한 왕국은 절대로 다시 존립할 수 없으며, 죽은 자는 다시 살아날 수 없다.

22. Hence the enlightened ruler is heedful, and the good general full of caution. This is the way to keep a country at peace and an army intact.

그러므로 현명한 군주는 조심성이 많으며, 훌륭한 장수는 언제나 경계한다. 이것이 나라를 평화롭게 유지하고 군대를 보전하는 길이다.

CHAPTER 13
THE USE OF SPIES

첩자의 활용

Ψ

1. Sun Tzu said: Raising a host of a hundred thousand men and marching them great distances entails heavy loss on the people and a drain on the resources of the State. The daily expenditure will amount to a thousand ounces of silver. There will be commotion at home and abroad, and men will drop down exhausted on the highways. As many as seven hundred thousand families will be impeded in their labor.

손자가 말했다. 십만 군사를 일으켜 아주 먼 거리를 출정하면, 필연적으로 백성의 손실과 국가 재정의 낭비가 수반된다. 매일의 지출액이 은화 천금에 이를 것이다. 나라의 안과 밖이 동요하게 될 것이며, 백성들은 길 위에서 지쳐버리게 될 것이다. 칠십만에 이르는 가구가 생업에 종사하지 못하게 된다.

2. Hostile armies may face each other for years, striving for the victory which is decided in a single day. This being so, to remain in ignorance of the enemy's condition simply because one grudges the outlay of a hundred ounces of silver in honors and emoluments, is the height of inhumanity.

적대하는 군대는 몇 년 동안 대치하면서 단 하루에 결정되는 승리를 위해 싸운다. 현실이 이런데도 고작 포상금과 급료로 지불하는 은화 백냥이 아까워서 적의 동태를 모르고 있다는 것은 지극히 현명하지 못한 짓이다.

3. One who acts thus is no leader of men, no present help to his sovereign, no master of victory.

그렇게 행동하는 자는 병사들의 장수가 아니며, 군주에게 도움도 되지 않으며, 승리의 주인도 되지 못한다.

4.   Thus, what enables the wise sovereign and the good general to strike and conquer, and achieve things beyond the reach of ordinary men, is FOREKNOWLEDGE.

그러므로 현명한 군주와 훌륭한 장수가 군대를 이끌고 나아가 정복하고, 평범한 사람들을 뛰어넘는 업적을 이룰 수 있도록 하는 것은 선견지명이다.

5.   Now this foreknowledge cannot be elicited from spirits; it cannot be obtained inductively from experience, nor by any deductive calculation.

이러한 선견지명은 귀신의 도움을 받을 수도 없으며, 경험을 통해서나 추론을 통한 예상으로 얻을 수 있는 것도 아니다.

6.   Knowledge of the enemy's dispositions can only be obtained from other men.

적군의 배치에 대한 지식은 오직 적의 정세를 아는 사람으로부터 얻을 수 있다.

7. Hence the use of spies, of whom there are five classes: (1) Local spies; (2) inward spies; (3) converted spies; (4) doomed spies; (5) surviving spies.

그러므로 첩자의 활용에는 다섯 가지 종류가 있다.

(1) 향간(鄕間, 지역의 첩자)

(2) 내간(內間, 내부의 첩자)

(3) 반간(反間, 전향한 첩자)

(4) 사간(死間, 불운한 첩자)

(5) 생간(生間, 살아남은 첩자)

8. When these five kinds of spy are all at work, none can discover the secret system. This is called "divine manipulation of the threads." It is the sovereign's most precious faculty.

이러한 다섯 종류의 첩자가 모두 활동하는데 아무도 그 비밀스러운 체계를 알아차릴 수 없다. 이것을 '신기(神紀)'라고 부르며 군주의 가장 소중한 재산이다.

9. Having LOCAL SPIES means employing the services of the inhabitants of a district.

향간은 그 고을에 거주하는 자의 도움을 받는 것을 의미한다.

10. Having INWARD SPIES, making use of officials of the enemy.

내간은 적국의 관리를 활용하는 것이다.

11. Having CONVERTED SPIES, getting hold of the enemy's spies and using them for our own purposes.

반간은 적국의 간첩을 붙잡아 우리의 목적에 맞게 활용하는 것이다.

12. Having DOOMED SPIES, doing certain things openly for purposes of deception, and allowing our spies to know of them and report them to the enemy.

사간은 적국을 속이기 위해 공공연히 이런저런 일들을 벌여 아군의 첩자가 알게 만들어 그것을 적국에 알리도록 하는 것이다.

13. SURVIVING SPIES, finally, are those who bring back news from the enemy's camp.

마지막으로 생간은 적국의 주둔지에서 새로운 소식을 갖고 돌아오는 첩자이다.

14. Hence it is that which none in the whole army are more intimate relations to be maintained than with spies. None should be more liberally rewarded. In no other business should greater secrecy be preserved.

그러므로 전군에서 첩자보다 긴밀한 관계를 유지하는 자는 아무도 없다. 첩자보다 더 후하게 보상받는 자도 없다. 첩자보다 더 비밀스럽게 유지되는 것도 없다.

15. Spies cannot be usefully employed without a certain intuitive sagacity.

첩자는 뛰어난 총명함이 없이는 유용하게 운용할 수 없다.

16. They cannot be properly managed without benevolence and straightforwardness.

자비심과 정직함 없이는 첩자를 적절하게 관리할 수 없다.

17. Without subtle ingenuity of mind, one cannot make certain of the truth of their reports.

명석한 정교함이 없다면 첩자들이 보내는 정보의 진실성을 확인할 수 없다.

18. Be subtle! be subtle! and use your spies for every kind of business.

명석하고 또 명석해야만 한다! 그래야 첩자를 모든 종류의 임무에 활용한다.

19. If a secret piece of news is divulged by a spy before the time is ripe, he must be put to death together with the man to whom the secret was told.

때가 무르익기 전에 비밀스러운 정보가 누설된다면 첩자는 그 비밀을 전달한 자와 함께 죽여야 한다.

20. Whether the object be to crush an army, to storm a city, or to assassinate an individual, it is always necessary to begin by finding out the names of the attendants, the aides-de-camp, and door-keepers and sentries of the general in command. Our spies must be commissioned to ascertain these.

공격 대상이 된 군대, 공격 대상이 된 성 또는 암살하려는 사람이 누구이든 언제나 장수의 측근들과 전령과 문지기, 초병 등의 이름을 알아내는 것으로 시작할 필요가 있다. 아군의 첩자들은 그들을 확인하도록 해야만 한다.

21. The enemy's spies who have come to spy on us must be sought out, tempted with bribes, led away and comfortably housed. Thus they will become converted spies and available for our service.

우리 군에 온 적군의 첩자들은 반드시 찾아내어 뇌물로 꾀어 안전하게 숨어 있도록 한다. 그렇게 빈간이 된 그들을 아군이 활용할 수 있다.

22. It is through the information brought by the converted spy that we are able to acquire and employ local and inward spies.

반간이 가져오는 정보를 통해 아군은 향간과 내간도 확보해 부릴 수 있게 된다.

23. It is owing to his information, again, that we can cause the doomed spy to carry false tidings to the enemy.

또한 반간의 정보를 바탕으로 아군은 사간을 통해 적군에게 허위 정보를 퍼뜨릴 수 있게 된다.

24. Lastly, it is by his information that the surviving spy can be used on appointed occasions.

마지막으로, 반간의 정보에 의해 계획된 시기에 생간을 활용할 수 있다.

25. The end and aim of spying in all its five varieties is knowledge of the enemy; and this knowledge can only be derived, in the first instance, from the converted spy. Hence it is essential that the converted spy be treated with the utmost liberality.

다섯 가지 첩자활동의 최종적인 목적은 적군에 대한 정보를 얻는 것이다. 이 정보는 다른 무엇보다 오직 반간으로부터 얻을 수 있다. 그러므로 반간은 가장 후하게 대해 주어야 한다.

26. Of old, the rise of the Yin dynasty was due to I Chih who had served under the Hsia. Likewise, the rise of the Chou dynasty was due to Lu Ya who had served under the Yin.

옛날 은나라가 흥했던 것은 이지(伊摯)*가 하나라에서 활동했기 때문이었다. 마찬가지로 주나라가 흥할 때는 여아(呂牙)** 가 은나라에서 활동했다.

*이지(伊摯): 중국의 고대 왕조 하(夏)나라 사람이었으나 다음 왕조였던 은(殷)나라를 세우는 데 공헌한 개국공신이다. 이윤(伊尹)이라고도 한다.
**여아(呂牙): 강태공(姜太公). 주 왕조를 세우는 데 기여한 인재. 위수 강변에서 낚시를 하던 사람이었으나, 주(周)나라 문왕의 군사전략가로 발탁되었다.

27. Hence it is only the enlightened ruler and the wise general who will use the highest intelligence of the army for purposes of spying and thereby they achieve great results. Spies are a most important element in water, because on them depends an army's ability to move.

그러므로 총명한 군주와 현명한 장수만이 군에서 가장 지혜가 뛰어난 자를 첩자활동에 활용하여 위대한 업적을 이루게 된다. 첩자는 병법의 가장 중요한 요소이다. 모든 군대를 운용할 능력이 그들에게 달려 있기 때문이다.

부록

1. 손자병법에 대하여
2. 《손자병법》의 저자에 대하여
3. 《손자병법》의 영향

손자병법에 대하여

시대를 초월한 병법의 경전

《논어》《노자》《주역》과 함께 중국 4대 고전 중 하나인 《손자병법》은 중국 고대 군사학의 명저이자, 동양 최고의 병법서이다.

춘추전국시대 말기의 병법서인 《손자병법》은 《한서》 '예문지'에는 82편, 도록 9권이라고 기록되어 있지만, 지금 남아 있는 송본에는 시계(始計), 작전(作戰), 모공(謀攻), 군형(軍形), 병세(兵勢), 허실(虛實), 군쟁(軍爭), 구변(九變), 행군(行軍), 지형(地形), 구지(九地), 화공(火攻), 용간(用間) 등의 13편만 전해지고 있다.

《손자병법》은 용병의 경전이요, 손자는 용병술의 성인이라고 불린다. 손자는 자신의 병법에서 '용병(用兵)'이라는 말을 사용했는데, 손자의 용병술은 '전승(全勝)'의 추구로 집약된다. 전승하는 최상의 방법은 '싸우지 않고도 적을 굴복시키는 것'이고, 이에 수반되는 전

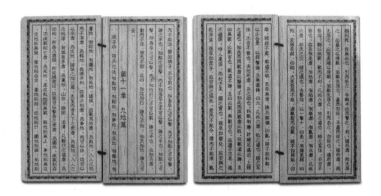
대나무에 필사된 형태로 제작된 《손자병법》.

략의 요점은 심리적인 공격을 동반한 능동적인 공격과 방어이다. 그러나 하루도 전쟁이 끊이지 않았던 춘추전국시대에는 국가 자체의 존립과 보존이 최우선이었으므로, 공격보다 방어가 우선이며 이기는 것보다 패하지 않는 것을 중요하게 여겼다.

손자의 용병은 군사력, 심리전, 외교 등을 모두 포함하는데, 전쟁이 있든지 없든지 적국과의 경쟁 속에서 국가의 안위와 이익을 추구하는 방법을 아우르고 있다. 따라서 그는 적을 굴복시키는데 의미를 둘 뿐, 적을 완전히 섬멸하거나 적국을 초토화하려 하지 않는다. 전쟁을 수행하고 그것을 수습하는데 드는 비용을 최소화하는 것도 용병의 큰 목적이기 때문이다. 따라서 손자는 물리적인 접

촉을 통한 싸움보다 승패에 관계없이 양측이 모두 큰 손실 없이 최대의 이익을 얻을 수 있는 모략의 운용을 첫째로 꼽았다.

《손자병법》은 춘추시대에 생존을 위한 병법서로 널리 활용되었다. 손자는 전쟁에서의 생존을 위해 장수가 반드시 알아야할 것으로 도(道), 하늘(天:천), 땅(地:지), 지휘관(將:장), 체계와 훈련(法:법)의 다섯 가지를 들었다.

'도(道)'는 백성이 기꺼이 윗사람과 더불어 생사를 함께하고자 하는 것으로 생명이 위태로워도 두려움이 없이 군주를 따르는 것을 말한다. 이는 백성을 다스림에 있어 바르고 정당한 원칙이 있어야 얻을 수 있는 것이다. 전쟁 또한 정당한 원칙이 있어야 백성이 공감할 수 있고 사력을 다해 싸울 수 있기 때문이다.

'천(天)'이란 낮과 밤, 추위와 더위처럼 하늘에서 비롯된 자연의 이치이며, '지(地)'는 땅이 만든 지리적 조건으로 지형, 지세나 전쟁을 하는 당사자 간의 거리 등을 말한다. 이는 기후나 지리 등 자연현상을 잘 살펴 이를 적절하게 이용할 줄 아는 것으로, 전쟁의 승패를 결정하는 중요한 항목이다.

'장(將)'은 군을 통솔하는 장수의 능력을 말한다. 장수는 지혜, 진실함, 자애로움, 용기와 엄격함을 갖춰야 한다는 것이다. 전략을 세우고 성공시키기 위해서는 지혜로워야 하며, 상벌의 공정성을 위해서는 신망이 두터워야 한다. 자애로움이 있어야 부하를 아끼고 사랑할 수 있고, 용기가 있어야 부하를 이끌고 나아가 적을 무찌를 수 있기 때문이다.

'법(法)'은 군대의 건전한 조직과 제도를 갖추고, 체계적으로 운용할 뿐 아니라 군사들의 기강을 확실하게 잡기 위해 필요하다.

손자는 이 다섯 가지를 이해하게 되면 언제 용병을 해야 하고, 해서는 안 되는 것인지 알게 된다고 하였다.

《손자병법》의 용병술과 전략은 인류가 겪어온 과거와 현재의 수많은 전쟁을 통해서 현대적으로 새롭게 재해석되고 있다. 특히 현대에 들어와서 국가와 군대를 위한 용병과 전략서라는 관점에서 벗어나, 개인의 인생을 위한 지혜서나 기업 경영에 활용하는 실용서로도 그 명성을 이어가고 있다.

손자의 전략사상

◇싸우지 않고 이긴다 – 부전승사상(不戰勝思想)

손자는 싸우지 않고 이기는 것을 가장 중요하게 생각했다. 싸워서 이기는 것보다 싸우지 않고 이기는 것이 가장 이로운 싸움이다.

전쟁을 하더라도 싸우지 않고 적을 온전한 상태로 굴복시키는 것이 최선이며, 적과 싸워서 굴복시키는 것은 그 다음이다. 백번 싸워서 백번 이기는 것보다 싸우지 않고 적을 굴복시키는 것이 더 낫다.

전쟁의 가장 큰 목적은 적을 공격함으로써 그들에게 공포와 절망, 괴로움을 주어 굴복시키는 것이 아니라, 적의 의지를 무너뜨리는 것이다. 적국을 황폐하게 만들고 그곳을 점령한다면 큰 이득이 없다. 그곳의 막대한 피해와 원망이 고스란히 자신에게 돌아올 뿐이다. 따라서 가능한 싸우지 않고, 피해를 최소화하는 방법으로 적국을 물리치면 그것이 가장 좋은 병법인 것이다.

◇이길 준비를 해놓고 싸움에 임한다 - 만전사상(萬全思想)

전쟁을 하려면 미리 만반의 준비를 해두어야 한다. 전쟁을 결정하고 준비에 들어가는 것은 이미 늦은 것이다. 따라서 항상 적의 공격에 대한 준비가 되어 있어야 한다. 당장 평안하고 전쟁의 위험이 보이지 않는다고 안심하고 아무런 준비를 해두지 않으면, 갑작스럽게 전쟁을 해야 하거나 적이 공격해 왔을 때 손 쓸 틈이 없기 때문이다.

또한 평상시에 국방을 튼튼히 해두지 않으면 쉽게 공격의 표적

《손자병법》죽간본 사본.
표지에 '건륭 어서(乾隆 御書)'라고 표기되어 있어 건륭제
(1711~1799) 시대에 필사되었거나 제작된 것으로 추정된다.

이 된다. 대국일수록 내부의 치안을 든든히 하고 외부의 공격에 더
욱 철저하게 대비하게 마련이고, 힘이 없는 나라일수록 국방이 허
술할 수밖에 없다. 따라서 국방은 군사적인 문제에 국한되는 것이
아니라 국가적인 전략으로 봐야 한다.

◇모략으로 이긴다 – 모공사상(謨功思想)

전쟁에는 국민의 생사와 국가의 존망이 달려 있다. 따라서 가능
하다면 전쟁을 하지 않으면서 안전하게 나라를 지키는 것이 좋다.
전쟁을 하지 않기 위해서는 적의 의도를 미리 좌절시키거나, 전쟁
이 아닌 다른 방법으로 적을 굴복시켜야 한다.

전쟁을 할 경우에 최선의 방법은 적의 모든 책략을 모략과 지혜

로 분쇄하는 것이다. 그 다음이 적의 외교를 파괴하는 것이고, 그 다음이 무기로 적을 정복하는 것이다. 마지막 최하의 방법은 적의 성을 공격하는 것이다. 이것이 모략으로 적을 공격하는 모공의 병법이다.

모공의 병법에서 최상은 적의 의도가 무엇인지를 알고 미리 분쇄하는 것이다. 이것은 머리로 하는 싸움이다. 적이 어떠한 책략을 쓸 것인지, 어떠한 방법으로 할 것인지를 미리 읽어낼 수 있어야 하고 그에 대한 대응 방법을 알아야 한다. 이렇게 미리 공격을 막을 수 있으면 전쟁을 시작하기도 전에 적의 사기를 떨어뜨리게 되고 큰 피해를 입지 않고도 승리할 수 있게 된다.

적의 외교와 유대 관계 등을 끊어 고립시키는 방법도 모공의 한 계책이다. 적국이 외교 관계를 통해 제3국의 도움을 받게 되면 아군이 불리하게 된다. 그러므로 적국과 외교관계를 맺고 있는 제3국과의 사이를 분리시키는 것이다. 이 전략이 성공하면 적은 고립되거나 약해지고 싸움에서 지게 된다.

그 다음에 마지막으로 사용하는 방법이 무력이다. 그러나 적의 성을 직접 공격하는 것은 승리를 예견하기가 어려울 뿐만 아니라, 승리하더라도 많은 희생이 따를 수 있는 것으로 가장 하위의 방법이다.

◇ 신속하게 끝내도록 한다 — 속전사상(速戰思想)

　전쟁을 하게 되었을 때는 빨리 끝내는 것이 가장 좋다. 전쟁을 오래 끌면 병사들의 사기가 저하되어 점점 공격력이 약화된다. 또한 군대가 오랫동안 국가의 영토 바깥에 주둔하게 되면 국가의 재정에 부담이 된다. 전쟁을 지속하는 데는 막대한 비용이 들기 때문이다. 무기가 소모되고, 군사들의 사기가 저하되고, 공격력은 약화되고, 재정이 바닥나면 다른 제3국들에게 침략을 당할 수도 있다.

　또한 장기전이 되면서 승리하게 된다 해도 그 이득이 크지 않다. 오랜 전쟁으로 인해 병력을 쉽게 모을 수 없으며, 국가의 재정 또한 쉽게 채워지지 않는다. 오히려 그동안의 피해로 인해 더욱 힘든 상황을 가져올 수 있는 것이 바로 장기전인 것이다. 따라서 전쟁을 빨리 끝내는 것이 국가는 물론 백성들에게도 이익이 되는 가장 좋은 방법이다.

《손자병법》의 저자에 대하여

《손자병법》의 저자에 관해서는 익히 알려진 손무 외에, 그의 후손인 손빈이 지었다는 설과 삼국시대 위나라의 조조가 편찬했다는 설이 있다. 그러나 1972년에 은작산의 한나라 무덤에서 엄청난 양의 죽간이 발견됨으로써 《손자병법》과 《손빈병법》이 다르다는 것이 밝혀졌다. 이후에 연구를 통해 손무의 기록이 《손자병법》의 원본이며, 손빈의 것은 제나라의 《손빈병법》이라는 것이 현재까지의 연구 결과이다. 다른 한편으로는 손무가 지었으나 손빈이 완성했다는 주장도 있다.

전한(前漢) 말기에는 두 종류의 '손자'가 있었다. 당시의 도서목록에 《오의 손자병법》 82권과 《제의 손자병법》 89권으로 기록되어 있다. 그런데 최근에 발견된 《손빈병법》은 《제의 손자병법》 89권 중 일부일 가능성이 크다. 따라서 손빈은 자기의 선조인 손무의 병

중국 한나라 시대의 역사가 사마천(BC 145?~86?).
손자에 대한 기록이 그의 대표적인 역사서 《사기》에
소개되어 있다.

법을 수정, 보완하여 현재에 전해지고 있는 손자병법 13편으로 정
리했을 것으로 추정되고 있다.

그러나 《손자병법》의 원본은 손무가 춘추시대에 저술했고 그것
을 전국시대에 와서 손빈이 보완한 것으로 손무가 저자인 것에는
변함이 없다.

《손빈병법》은 《손자병법》 등 초기 병서의 군사사상을 발전시키
고, 전국시대 전기의 풍부한 실전 경험을 흡수하고, 중기의 신흥
지주 계급의 이익과 정치 경향 등을 반영시킨 것으로, 이전의 《손
자병법》과는 별개의 것으로 볼 수 있다.

손무 (孫武, BC 6세기경)

《손자병법》의 저자인 손자의 이름은 손무(孫武)이다. 자(子)라고 하는 것은 선생님을 공손히 높여 부르는 것이며, 예전 사람의 글을 옮겨 쓰는 것이 아니라 자신의 창작물을 쓰는 사람을 가리키는 것이다.

손무의 확실한 생몰 연대와 생애는 알 수 없으며, BC 6세기경 중국 춘추전국시대의 제나라 전략가로만 알려져 있다. 손무는 제나라 사람이었으나 일찍이 《병법》 13편을 오나라의 왕 합려(闔閭)에게 보이고 오나라의 장군이 되어서 초나라를 무찔렀다.

사마천의 《사기》에는 제나라에서 망명한 손무가 오나라에 발탁되는 과정과 손무의 재능을 다룬 이야기가 전해진다.

제나라에 내란이 일어나자 손무는 고향을 떠나 오나라로 갔다. 한동안 숨어살던 손무는 오나라 대신이던 오자서의 추천으로 오나라 왕 합려를 만나게 된다. 왕은 손무의 병법을 보고는 크게 마음에 들어 했다. 그러나 한편으로 그가 실전에서도 그렇게 할 수 있을지 의문이 들었다. 그래서 손무에게 자신의 궁녀들을 데리고 훈련을 해보라고 명했다.

손무는 궁녀들을 두 진영으로 나누고 맨 앞에 있는 두 명의 궁

사마천의 《사기》 '손자오기열전'에 전해지는 궁녀들의 훈련.

녀를 대장으로 삼았다. 그리고 손무가 명령하는 대로 움직이라고
일렀다. 그러나 궁녀들은 새로운 놀이를 하듯 웃고 서 있을 뿐, 손
무의 명령대로 움직이지 않았다.

그러자 손무는 '군령이 분명치 못하고 전달이 불충분한 것은 장
수의 죄지만, 이미 군령이 분명히 전달되었는데도 병졸들이 규정
대로 움직이지 않는 것은 대장된 자의 죄다.'라고 말하고, 대장을
맡은 두 궁녀를 그 자리에서 참수하려 하였다.

이에 오 왕은 손무에게 자신이 총애하는 궁녀이니 살려 달라고

간절히 부탁하였다. 그러나 손무는 '장수가 전쟁을 지휘하고 있을 때는 임금의 명령을 받들지 않을 수도 있다'며 끝내 두 궁녀를 참수하였다.

손무는 새로운 궁녀 둘을 대장으로 삼았다. 그리고 다시 훈련을 시작하자 궁녀들은 마치 군사들처럼 훈련에 열중하였다. 그 모습을 본 오 왕은 손무의 능력을 크게 인정하여 그를 장군으로 삼았다.

손무는 규율과 기강이 바로 선 군대를 만들어 오 왕이 초나라, 제나라, 진나라를 제압하는 데 큰 공을 세웠고, 변방의 작은 나라였던 오나라를 7년만에 중원의 강대국으로 만들어놓았다.

손무는 전쟁을 하는 과정에 있어서 아군의 안전 확보를 적에게 승리하는 것보다 우선시하였고, 물리적인 싸움이 아니라 승패에 관계없이 적군과 아군 모두 손실을 입지 않는 것이 최대의 이익을 얻는 것이라고 강조하였다.

손무가 가장 중요하게 생각했던 병법은 전쟁을 하지 않고도 나라에 이익을 가져다주고, 언제나 미리 준비된 자세로 적의 공격을 좌절시킴으로써 국가를 지키며 전쟁을 최소화하는 것이었다.

동서고금의 군사들은 군사지리학, 군사심리학 등에 능통했던 손무를 '병법의 시조'라고 칭하며 그의 사상과 병법을 중시하였다.

손빈 (孫臏 BC 4세기경)

손빈은 춘추전국시대에 활약했던 제나라의 무장으로, BC 367년경 위나라 군사와 싸워 크게 이기고, BC 353년에 조나라를 도와 위나라 군사를 격파하였다.

병법의 대가였던 손무의 후손인 손빈에 대해서 크게 알려진 것이 없으나, 친구이자 영원한 맞수였던 방연과의 유명한 일화가 따라다닌다.

손빈은 어려서 부모를 잃고 숙부인 손교 밑에서 자랐다. 그러다 뛰어난 군사(軍師)였던 귀곡자 왕후의 제자로 들어가서 방연을 만나게 된다. 귀곡자 밑에서 공부하는 동안 손빈은 방연과 친구로 지냈으나, 방연은 손빈의 뛰어난 재주를 질투하며 시기하였다.

귀곡자를 떠나 위나라로 가서 출세한 방연은 손빈을 위나라로 불러들였다. 그리고 그에게 거짓으로 죄를 덮어씌워 무릎이 잘려 나가고 얼굴에 죄수라는 표시가 새겨지는 빈형을 당하게 한다.

무릎이 잘려나간 채 위나라에 억류당해 있던 손빈은 바보 흉내를 내며 가까스로 살아남을 수 있었다. 그리고 위나라에 사신으로 온 제나라 장군 전기의 도움으로 위나라를 빠져나왔다.

제나라의 위 왕은 손빈을 군사로 임명하였으며, 그는 이때부터 본격적인 군사 훈련을 통해 제나라의 군사력을 강하게 키웠다. 제나라 장군 전기는 손빈의 전략에 따라 위군을 물리쳤다. 또한 손빈은 방연이 제나라를 침공할 것에 대비하여 병법으로 많은 계략을 펼쳐 방연이 감히 제나라를 넘보지 못하게 하였다.

제나라 공격에 실패한 방연은 손빈이 원수 직에 있을 때 죽이려 하였으나 마음대로 되지 않자 심한 스트레스를 받았다. 결국 중국의 유명한 전투 중 하나인 마릉전투 때 손빈의 계략에 걸려 화살을 맞고 죽었다.

손빈은 '전쟁에서 승리하여 강한 나라를 건설하여도 천하에 복종해야 한다.'고 하였으며, 병법에 있어 '내부적으로는 국민의 지지를 받아야 하고 외부적으로는 적정의 변화를 잘 살펴야 한다.'고 강조했다.

노년에 퇴직한 손빈은 손가화원에 은거하며 《손빈병법》 89권과 그림 4권을 남겼다.

부록 3.

《손자병법》의 영향

　《손자병법》은 2500여 년 동안 최고의 병법서로 시대와 국가를 초월해 많은 군사가들에게 큰 영향을 끼쳤다. 무엇보다 전쟁을 힘으로 공격하고 몸으로 싸우는 것만이 아닌, 과학적이고 체계적이며 심리적인 용병술을 가르쳤기 때문이다. 소수의 군사력으로 다수를 이기고, 속전속결의 작전으로 승리를 쟁취하는 병법은 동서양의 군사학에서 가장 빛나는 텍스트가 되었다.

　《삼국지》의 주역 중 한 사람인 조조를 비롯해, 병법과 지략의 대가인 제갈량, 임진왜란의 영웅 이순신 등이 《손자병법》에 능통했으며, 세계사의 주역이었던 나폴레옹과 마오쩌둥(모택동)도 《손자병법》의 영향을 받은 대표적인 인물이다.

이순신 장군의 《난중일기》에는 '나를 알고 적을 알면 백
번 싸워도 위태롭지 않다(1594년 9월 3일).'라는 구절이
있다.

이순신 (李舜臣, 1545~1598)

세계 해전사에 빛나는 이순신의 병법은 《손자병법》의 영향을 받
은 것이다. 이순신은 무과시험을 볼 때도 《손자병법》을 공부했고,
그 후에도 《손자병법》을 자신의 전투에서 실제적으로 사용했다.
가히 《손자병법》에 능통했다고 할 수 있다.

  23전 23승의 이순신의 전략은 《손자병법》의 제승전략이다. 제
승전략은 싸우기 전에 승리할 수 있는 형세들을 여러 겹 갖추어 놓
는 것을 말한다. 《손자병법》 제6편 '허실'의 무형에서 나온 것이다.

  이렇게 특정한 한 가지 형태에 의존하지 않고 무형으로 적에게
승리하면 적군은 물론 아군 또한 어떻게 이겼는지 알 수 없다. 몇
몇 장수들만 어렴풋이 눈치챌 수 있지만 정확히 알지는 못한다. 이

이순신 장군의 난중일기 및 서간첩 임
진장초(국보 제76호)

것이 이 전략의 묘미이다.

낟가리를 쌓아놓고 강강수월래를 함으로써 군사의 숫자를 많아 보이게 하는 전략 등도 《손자병법》에서 중시했던 심리전의 탁월한 적용이라 하겠다.

조조 (曹操, 155~220)

《손자병법》의 가장 오래된 주석서가 바로 삼국시대 위나라 조조가 만든 《위무주손자》이다. 그는 일찍이 '내가 용병에 관한 책을 두루 읽어 보았으나 손무의 책이 가장 깊다.'라고 감탄했다. 그가 원소를 무찌르고 중원의 패권을 잡은 관도전투도 '적을 알고 나를 알면 백번 싸워도 위태롭지 않다'라는 《손자병법》의 기본원칙을 충실하게 따른 것이라 할 수 있다. 원소의 병력이 많더라도 오합지졸 이고 아군은 정예부대라는 것을 알았던 것이다. 조조는 특히 손자가 강조한 '모공'의 전술을 가장 충실하게 이행한 장수이며, 그 때문에 모략가의 대명사로 불리게 되었다고 할 수 있다.

제갈량 (諸葛亮, 181~234)

유비의 '삼고초려'로 유명한 제갈량은 상황에 따른 전략, 전술, 모략, 심리전 등에 모두 탁월했던 병법의 천재였다. 그러나 제갈량의 병법에는 춘추전국시대 이래의 병법가들이 주장하는 '부득이한 경우에만 전쟁을 한다'는 생각이 뚜렷이 나타난다.

그는 '전쟁은 부득이한 경우에만 하며, 전쟁을 하더라도 잘 다스리는 자는 군사를 일으키지 않으며, 잘 다스리는 자는 진을 치지 않으며, 잘 다스리는 자는 싸우지 않으며, 잘 다스리는 자는 패하지 않으며, 패하지 않는 자는 망하지 않는다'고 하였다.

이런 제갈량의 병법은 싸우지 않는 것이 가장 잘 싸우는 것이라는 손자의 병법과 같은 것이라고 할 수 있다. 제갈량의 병법들은 《손자병법》을 바탕으로 실전에서 더욱 실용적으로 응용 발전시킨 것이었다.

마오쩌둥 (毛澤東, 1893~1976)

중국을 통일하여 중화인민공화국을 탄생시킨 마오쩌둥이 평생 간직했던 책은 바로 《손자병법》이다. 1949년 중국 대륙 통일을 눈앞에 두고 사람들은 마오쩌둥에게 난징 공략의 계책에 대해 물었다. 그러자 마오쩌둥은 "별다른 계책은 없다. 그저 손자의 '적을 알고 나를 알면 백 번 싸워도 위태롭지 않다'는 구절이 있을 뿐이다."라고 말했다고 한다.

베이징에 있는 마오쩌둥 유물관에 가면 그가 쓰던 침대 위에 몇 권의 책이 놓여 있는데, 그 중의 한 권이 바로 《손자병법》이다. 마오쩌둥이 죽을 때까지 손에서 놓지 않았던 《손자병법》은 병법서만이 아니라 정치적 지침서 역할도 했던 것이다.

나폴레옹 (Napoleon Bonaparte, 1769~1821)

유럽에 《손자병법》이 전해진 것은 1772년이다. 베이징에 선교사로 갔던 프랑스 신부 아미오가 《손자병법》을 가지고 와서 프랑스 파리에서 처음으로 출간하게 되었다.

《손자병법》은 시대와 국가를 초월해, 군신으로 불리며 수많은 전쟁터에서 승리한 프랑스의 나폴레옹에게도 영향을 미쳤다.

나폴레옹 군대의 가장 큰 특징은 과감한 집중력과 빠른 속도였다. 《손자병법》은 멀리 원정을 가는 군대에게 유용한 내용이 많다. 따라서 나폴레옹에게는 더할 수 없이 좋은 지침서가 되었던 것이다. 아군은 모으되 적은 분산시키며, 식량은 적의 땅에서 구한 것 역시 손자가 강조한 것이다.

오랜 전투를 금지했던 손자의 말처럼 나폴레옹도 장기전을 좋아하지 않았으나, 러시아 원정이 장기전으로 이어지면서 결정적인 패배를 맞이하게 된다.